Das Feuer Seiner Heiligkeit

Sergio Scataglini

Aufbruch-Verlag

Die Bibelstellen sind, sofern nicht anders angegeben aus der Lutherbibel zitiert.

Übersetzung aus dem Englischen: Tina Pompe

Titel der Originalausgabe:
The Fire of His Holiness

© Herausgeber der Originalausgabe:
Renew Books
eine Abteilung von Gospel Light
Ventura, California, U.S.A.

Aufbruch-Verlag
der Gemeinde auf dem Weg
Evangelische Freikirche Wilmersdorf e.V.
Babelsberger Str. 37, D-10715 Berlin
Tel: +49 (0)30-85 79 19 65
Fax: +49 (0)30-85 79 19 67
E-Mail: info@aufbruch-verlag.de
http://www.aufbruch-verlag.de

1. Auflage 2001 (5.000)
ISBN 3-926395-28-1
Covergestaltung: Kevin Keller
Druck: Freiburger Grafische Betriebe

Inhaltsverzeichnis

ANHANG

VORWORT

Ich vermute, dass Sie in den letzten Jahren mehr über Heiligkeit gehört haben als jemals zuvor.

Damit meine ich nicht, dass Christen jemals das biblische Wort „Heiligkeit" aus ihrem Wortschatz gestrichen hätten, sondern dass es einen Trend gibt, die Heiligkeit Gottes mehr zu betonen. Wenn es jedoch darum geht, für uns persönlich Heiligkeit zu erlangen, gehen wir eher leicht darüber hinweg und denken, dass es zwar schön wäre, ein bisschen heiliger zu sein, doch wir machen uns darüber weiter nicht allzu viele Sorgen.

Die Dinge ändern sich – und zwar sehr schnell. Der Heilige Geist hat begonnen, mit einer solchen Intensität über Heiligkeit zu Seiner Gemeinde zu sprechen, wie es noch nie zuvor der Fall war – jedenfalls nicht in unserer Generation. In Predigten, auf Konferenzen, in Artikeln und Büchern, in den Unterrichtsräumen und weit über jede räumliche und ideologische Grenze hinaus wird dieses Thema betont. Es steht völlig außer Frage, dass Gott die Absicht hat, den gesamten Leib Jesu auf eine neue Ebene der Heiligkeit, der Gerechtigkeit und des Gehorsams gegen seinen vollständigen Willen zu bringen.

Sergio Scataglini hat sich als einer der herausragenden Leiter Gottes in diesem Aufbruch zur Heiligkeit, der sich immer weiter ausbreitet, erwiesen. Ich könnte nicht erfreuter und gleichzeitig erstaunter sein. Sergio ist mein Schüler – und mehr als das – er und seine Frau Kathy waren Schüler in meinem Unterricht an der Sonntagsschule für Erwachsene, den ich viele Jahre gehalten hatte. Ich fühle mich wie ein Vater, der nicht wirklich wusste, was aus seinem Sohn werden würde. Und ganz plötzlich wurde Sergio zu einem international anerkannten Leiter. Weshalb? Weil er es zuließ, dass Gott ihn mit einer Ehrfurcht gebietenden Erfahrung der persönlichen Heiligkeit heimsuchte. Er empfing die übernatürliche Salbung Gottes, um dem Leib Jesu die Botschaft der Heiligkeit weiterzugeben.

Weshalb hat Gott nicht bereits vor Jahren jemanden wie Sergio Scataglini ausgewählt, um uns diese Botschaft zu bringen? Ich bin nicht überrascht, dass Gott jemanden erwählte, der von der Erweckung in Argentinien berührt wurde. Tatsache ist, dass die wichtigste Veranstaltung in den frühen Tagen der argentinischen Erweckung genau in der Gemeinde in La Plata stattfand, in der Sergio jetzt Pastor ist. Damals war sein Vater und mein Freund, Alberto Scataglini, Pastor dieser Gemeinde, in welcher der Name Carlos Annacondia zum Markenzeichen wurde – zuerst in Argentinien, und dann weltweit. Doch erst als die Erweckung in Argentinien in ihrem fünfzehnten Jahr war, stellte Gott diese Botschaft der Heiligkeit durch Sergio in das Zentrum der Aufmerksamkeit.

Um meine eigene Frage zu beantworten, möchte ich folgende These aufstellen: Gott wollte sicherstellen, dass ein bedeutender Teil des Leibes Jesu die Kraft des Heiligen Geistes empfangen hatte, dass sie die Kranken heilten und Dämonen austrieben, dass eine große Anzahl von Ungläubigen zu Jüngern Jesu Christi wurde, dass das Volk Gottes das Wesen des geistlichen Kampfes für die Ausbreitung des Reiches Gottes verstanden hatte, und dass sie auf dem richtigen Weg waren. Deshalb erwählte und wirkte Er durch solch unglaubliche Leiter wie Omar Cabrera, Carlos Annacondia, Eduardo Lorenzo, Claudio Freidzon, Edgardo Silvoso, Pablo Deiros, Pablo Bottari und andere. Jeder von ihnen hatte eine ganz bestimmte Aufgabe, um das Feuer der Erweckung in Argentinien anzufachen. Jetzt hat jeder von ihnen einen starken internationalen Dienst, aber keiner ist besonders dafür bekannt geworden, den Ruf Gottes zu einer radikalen persönlichen Heiligkeit weiterzugeben.

Vielleicht wäre Heiligkeit, wenn sie bereits in den frühen Tagen ein Hauptthema der Erweckung geworden wäre, wie ein Selbstzweck erschienen. Die Geschichte kennt bereits viele Beispiele der Begeisterung für Heiligkeit im Leben von Gläubigen, die letzten Endes nach innen gewandt war und nur sich selber diente, während sie die Evangelisation der Verlorenen völlig außer Acht ließ. Und das ist das letzte, was Argentinien oder der Rest der Welt braucht. Aber die argentinische Erweckung ist mit der leidenschaftlichen Sehnsucht nach erretteten Seelen so untrennbar verbunden, dass eine starke Botschaft der Heiligkeit die Flammen nur weiter anfachen wird.

Deshalb hat Sergio Scataglini sein Buch „Das Feuer Seiner Heiligkeit" genannt.

Gott hat Seine Armee weltweit zu den Waffen gerufen, um den explosivsten Vorstoß in der Geschichte gegen die Festungen des Fürsten über die Gewalten der Lüfte durchzuführen. Deshalb muss der Leib Jesu auf eine neue Ebene gelangen; auf die Ebene der absoluten Hingabe an persönliche Heiligkeit. Ich stimme völlig mit Sergio überein, dass der Standard Gottes nicht 98 %, sondern nicht weniger als 100 % ist.

Das Buch, das Sie in Ihren Händen halten, ist ein Instrument von göttlicher Kraft, das dazu beitragen soll, Sie auf diese Ebene zu bringen. Vielleicht werden Sie nicht durch eine einzelne, dramatische, lebensverändernde Erfahrung dorthin gebracht – so wie es Sergio erlebte, als er zu Boden geworfen wurde – aber wenn Sie Gott die Freiheit gewähren, in Ihrem Leben so zu wirken, wie Er es möchte, können Sie auf jeden Fall das Ziel erreichen; denn es ist der Wille Gottes, dass es Ihnen gelingt.

Mein Gebet ist, dass Sie das volle Maß des Feuers Seiner Heiligkeit erfahren, während Sie dieses Buch lesen.

C. Peter Wagner

DANK

Ich möchte einer ganzen Gruppe von Männern und Frauen Gottes danken, die mich immer wieder ermutigt haben und die einen großen Einfluss auf mein Leben in der Nachfolge Gottes, Seiner Gebote und bei der Befolgung des Missionsbefehls hatten.

Zuerst muss ich an dieser Stelle meine Eltern erwähnen, Rev. Alberto J. Scataglini und Isabel, die mir einen tiefen Respekt für die Dinge Gottes einpflanzten. Ed Silvoso nahm sich die Zeit, mir zu schreiben, selbst als ich noch ein Teenager war, und mit mir über die Dinge des Herrn zu reden. Er tauchte einfach immer auf; als ich in der Bibelschule war, in meinem theologischen Seminar, und als ich frisch verheiratet war. Er hatte stets ein gutes Wort und eine Herausforderung für mich, wenn es darum ging die Prioritäten Gottes als meine Prioritäten zu behalten. Ed ist der einflussreichste christliche Leiter in meinem Leben gewesen.

Wick Nease, ein großartiger Mann Gottes, lud mich ein, zusammen mit seiner Familie in die Vereinigten Staaten zu reisen und dann nahm er sich die Zeit, mir nachzugehen und dafür zu sorgen, dass mein Herz immer auf das Herz Gottes ausgerichtet blieb. Er ist für mich ein Beispiel von christlichem Charakter und Stabilität gewesen. Dr. C. Peter Wagner ist für mich und meine Frau mehr als nur ein Professor am Fuller Seminar. Er und Doris waren für uns da, als wir in die Welt gesandt wurden, um zu dienen. Wir schätzen nicht nur Peters geistliche Einsichten, sondern auch seine Liebe und Freundschaft.

Man kann nicht mit Carlos Annacondia in Kontakt kommen, ohne herausgefordert zu werden! Welch ein Beispiel eines gottesfürchtigen Mannes mit einem Herzen für die Verlorenen. Seine Einfachheit und Echtheit waren eine Inspiration für mein Leben. Und nicht zuletzt muss ich noch meinen Freund Claudio Freidzon erwähnen. Unser Verhältnis hat sich von einer eher oberflächlichen Beziehung in der Bibelschule – wo wir uns ein Zimmer teilten – zu einer tiefen Freundschaft entwickelt, jetzt da wir beide im Dienst stehen und gemeinsam eine Leidenschaft dafür haben zu sehen, wie sich Menschen durch die Salbung und das Feuer Gottes verändern.

Claudio und seine Frau Betty haben einen beständigen Einfluss auf mein Leben gehabt und sie haben mich immer ermutigt, unter der Salbung Gottes zu leben.

Ich möchte einen besonderen Dank meinen Kindern aussprechen, Nathaniel, Jeremy und Miqueas, die ein Teil des Teams in unserem Dienst sind. Sie sind unfreiwillige Soldaten, die in diese Armee eingezogen wurden, um zu dienen und sie sind gute Kämpfer! Sie waren großzügig genug, mir (und Kathy) die Zeit und den Raum zuzugestehen, damit dieses Buch geschrieben werden konnte.

Und ebenso muss ich meine Gemeinde und die Mitarbeiter in Puerta del Cielo erwähnen. Das Natürliche ist es, den Pastor *nicht* irgendwo anders haben zu wollen. Aber sie sind wahrhaftig die zweite Meile gegangen, indem sie mir durch ihre festen Zusagen, während jeder meiner Reisen im vergangenen Jahr zu beten und zu fasten, geistliche Rückendeckung boten. Ich muss auch den Frauen unserer Gemeinde einen großen Dank aussprechen (ganz besonders Marta, Lidia und Raquel), die für uns die Mahlzeiten vorbereiteten, kochten und besorgten, damit das Buch geschrieben werden konnte! Eure dienende Haltung und euer Handeln haben uns wirklich gesegnet!

Zum Schluss möchte ich meiner Frau und Partnerin im Dienst, Kathy, meine Anerkennung aussprechen. Sie tippte, übertrug, übersetzte und interpretierte geduldig mein ganzes Material für dieses Buch, bisweilen unter großem Druck. Ohne sie wäre dieses Buch jetzt nicht in Ihren Händen.

EINFÜHRUNG

Bevor Sie mit der Lektüre dieses Buches beginnen, lassen Sie mich eine Warnung aussprechen: *Sie werden zur Veränderung herausgefordert werden!* Mein lieber Bruder, meine liebe Schwester, wenn Sie zufrieden sind mit Ihrem Leben mit Gott, dann ist dieses Buch *nicht* für Sie. Dieses Buch ist die Kombination von zwei Dingen: ein Zeugnis des direkten Eingreifens des allmächtigen Gottes in mein Leben und ein Werkzeug, Ihnen genau dasselbe mitzuteilen!

In diesem Buch geht es um Heiligkeit. Vielleicht fragen Sie: „Warum sollte ich dieses Buch lesen und Verdammnis auf mein Leben laden? Ich tue mein Bestes und werfe mich jeden Sonntag neu auf die Gnade Gottes, um für die Woche reinen Tisch zu machen." Lassen Sie mich Ihnen eine Frage stellen: *Geht es wirklich nicht besser?*

Es ist richtig, diese Botschaft ist radikal. Aber noch „abgedrehter" ist die Tatsache, dass der größte Teil der Christen ein überströmendes Leben in Jesus predigen und lehren, und dabei den *ersten Schritt* im Rezept vergessen – den Tod ihres alten Lebens! *Wenn Sie sich entscheiden weiterzugehen und dieses Buch zu lesen, dann machen Sie sich bereit zu sterben!*

Wenn Sie unzufrieden sind mit ihrem Leben als Christ und wenn Sie sich nach echtem Sieg sehnen, dann ist dieses Buch für Sie. In diesem Buch geht es nicht um eine Party, sondern vielmehr um ein Begräbnis. Aber nach dem Tod kommt die Auferstehung. Es geht darum zu lernen, wie wir unserem Selbst sterben, damit wir zu einer völlig neuen Dimension des siegreichen Lebens als Christ auferstehen können.

Ich war bereits seit vielen Jahren Christ, ehe ich diesen Prozess verstand. Dieses Weizenkorn benötigte einige Jahre im Boden, bevor ich zerbrach und starb. Ich war vorher auf der normalen christlichen Achterbahn von Sieg und Niederlage mitgefahren, bis zum Mai 1997. Das war der Tag, an dem Gott mich ergriff, mit Seinem Feuer taufte und mein Leben für immer veränderte.

Ich hatte eine prägende Begegnung mit Jesus.

Wenn Sie meinen, dies sei gerade mir passiert, weil ich etwas besonderes wäre, dann täuschen Sie sich. Aber Tatsache ist auch, dass dieses Ereignis nach vielen Jahren der ernsthaften Suche geschah. Ich kann die kanaanäische Frau gut verstehen, die mit der Bitte zu Jesus kam, Er möge ihre Tochter heilen und immer wieder enttäuschende Antworten erhielt. Doch sie gab niemals auf (vgl. Matthäus 15, 22-28).

Sie mögen einwenden: „Ich komme aus der falschen Stadt." Das traf auch auf Jesus zu. Vielleicht haben Sie den Eindruck, ein Versager zu sein. Gut! Sie sind bereit für das Feuer oder sind Sie zu stolz, um dieses Feuer zu empfangen? Dann gibt es keine Hilfe für Sie, bis Sie zerbrochen sind.

Wir haben festgestellt, dass viele Menschen sich danach drängen, in den Dienst zu treten und ihre Aufgabe im Leib Jesu zu finden. Viele Gideons sind total begeistert endlich die Truppen zum Sieg gegen den Feind zu führen. Daran ist im Prinzip nichts Schlechtes, außer dass es wichtig ist, sich den Anfang der Geschichte genauso zu betrachten wie das Ende.

Gideons erste Handlung gegen die Midianiter war die Zerstörung der Baalsgötzen. Der Feind nannte Gideon „Jerubbaal", das bedeutet „Baal streite mit ihm". Er wurde so genannt, weil er über Nacht alle Götzenbilder Baals umgestürzt hatte (vgl. Richter 6,32).
Es ist wichtig, dass wir zunächst unsere eigenen Götzen umstürzen, bevor wir uns auf irgendwelche anderen geistlichen Gefechte einlassen. Wir müssen zuerst uns selbst und unser eigenes Umfeld reinigen, bevor wir versuchen, die Welt zu gewinnen, oder andere große Dinge für Jesus zu tun.

Wenn Sie nicht nach dem Feuer Seiner Heiligkeit streben, dann befinden Sie sich in einer anderen Bewegung als der, die Jesus begann. „Aber was ist das Feuer Gottes?" fragen Sie nun vielleicht. Es ist die verändernde Berührung Gottes, die Sie die Sünde mit neuer Inbrunst hassen und im Glauben mit brennender Leidenschaft der Heiligkeit nachjagen lässt. Das Ergebnis davon ist eine verzehrende Liebe zu Gott, gekoppelt mit dem Verlangen zu sehen, dass die Verlorenen Jesus finden. Wahrer christlicher Glaube ist eine Religion der Suchenden. Die meisten religiösen Menschen werden sich bei der Lektüre dieses Buches nicht besonders wohl fühlen. Sie haben es gelernt ein annehmbares christliches Leben zu führen. Die Grundgedanken, die in diesem Buch vorgestellt werden, werden mit Sicherheit für diejenigen ein Problem sein, die in ihrem religiösen Eifer „die Mücke aussieben, aber das Kamel verschlucken", (d.h. für gesetzliche Christen). Erst kürzlich hörte ich den Ausspruch: Das „Gute" ist der größte Feind des „Besten".

Mein Freund, der bekannte argentinische Evangelist Ed Silvoso, hat mir einmal gesagt: „Gott ist es sehr angenehm, wenn es uns unangenehm wird." Es ist mein Gebet, dass dieses Buch es Ihnen und mir sehr unangenehm macht, und dass Gott sich richtig zu Hause fühlt!

Sergio Scataglini
La Plata, Argentinien

Kapitel 1

Ergriffen von Seinem Feuer

Im Mai des Jahres 1997 trat ich vor meine Gemeinde in La Plata, Argentinien, um sie von meiner bevorstehenden Reise an einige Orte von Erweckung in den Vereinigten Staaten zu unterrichten, und ich versprach, ihnen nach meiner Rückkehr vom dem zu berichten, was der Herr gerade in der Welt tat. Im Grunde genommen dachte ich, dass es mir als leitender Pastor einer wachsenden Gemeinde in einem Vorort von Buenos Aires in meinem Leben mit dem Herrn recht gut ging. Ich meinte nichts weiter zu benötigen als eine weitere Berührung Gottes an diesen Erweckungsorten, um meinen Dienst zu stärken.

In den vorangegangenen Monaten war jedoch ein Schrei in meinem Herzen gewesen, ein sehr seltsames Gebet, das ich immer wieder gebetet hatte. Mehrere Male hatte ich mich bei folgendem Gebet ertappt: „Herr, wenn du keine neue Erweckung schickst, dann hole mich heim; ich will nicht länger leben." Jedes Mal nahm ich entschlossen Autorität über meine Seele; schließlich habe ich drei kleine Söhne und eine wunderbare Frau. Auch in meinem Dienst lief es gar nicht so schlecht. So dachte ich: „Ich sollte nicht so beten, weil der Herr vielleicht mein Gebet beantworten könnte, und mich zu sich nimmt!"

Bereits am nächsten Tag ertappte ich mich aber bei genau dem selben Gebet. Da erkannte ich, dass der Herr mir eine Last für Erweckung auf das Herz legte; ich war dabei, einen heiligen Hunger nach mehr von Gott zu entwickeln. Der schottische Erweckungsprediger John Knox pflegte zu sagen: „Herr, gib mir Schottland oder ich sterbe!"

Wie viele andere betete ich für Erweckung, aber ich traf keinerlei Vorbereitungen dafür. So reiste ich in die USA nach Pensacola, Florida, um die Erweckung in der Gemeinde „Brownsville Assembly of God Church" zu besuchen. Die Ausgießung dort hatte am amerikanischen Vatertag (3. Sonntag im Juni, Anmerkung der Übersetzerin) des Jahres 1995 begonnen. Seit dieser Zeit haben drei Millionen

Menschen die Erweckung besucht und Hunderttausende haben sich bekehrt oder ihr Leben neu dem Herrn geweiht. Diese Erweckung ist von einem tiefen Aufruf zur Buße und Umkehr und zur Heiligkeit gekennzeichnet.

Ich wurde nicht enttäuscht von dem, was ich in Pensacola sah. Ich freute mich im Herrn und war stundenlang Zeuge der Herrlichkeit und des Segens Gottes. Hunderte von Menschen kamen nach vorne zum Altar, um Jesus in ihr Leben aufzunehmen. Pensacola war eine wunderbare Erfahrung für mich, und ich hatte den Eindruck, dass der Herr mich tief berührt hatte, aber ich hatte keine Ahnung wie tief. Nachdem ich eine Abendveranstaltung in Pensacola besucht hatte, reiste ich am nächsten Morgen sehr früh weiter nach Elkhart in Indiana, wo die Familie meiner Frau lebt und wo sich auch das Zentralbüro unseres Dienstes in den Vereinigten Staaten befand.

Auf dem Sprung zur nächsten Veranstaltung

Ich kam am Freitag in Elkhart an und fühlte mich erfrischt und erneuert. Am Sonntag, den 18. Mai 1997, besuchte ich die „Zion Chapel“ Gemeinde, um der Versammlung ein kurzes Grußwort zu überbringen, da sie unsere letzte Heimatgemeinde gewesen war, als wir noch in den Vereinigten Staaten lebten. Ich hatte nur wenig Zeit, da für den Gottesdienst an diesem Sonntagmorgen bereits ein anderer Sprecher vorgesehen war. Ich sollte gar nicht predigen. Eigentlich hätte ich den Gottesdienst sehr zügig verlassen müssen, um in eine andere Gemeinde zu gelangen, in der ich predigen sollte. Doch ich wusste nicht, dass der Herr andere Pläne hatte.

Ich überbrachte meine Grüße und dann sagte der Pastor, Steve Chupp: „Wir wollen Pastor Sergio noch bitten, nach vorne zu kommen, damit wir für ihn beten können, bevor er uns verlässt, um in der 'Maranatha Fellowship' Gemeinde zu predigen, damit er ihnen das Feuer weitergeben kann.” Das waren seine Worte. Er rief einige junge Leute nach vorne, die für mich beten sollten. Wie viele von Ihnen wissen, dass junge Leute sehr gefährlich sind, wenn sie in den Händen des allmächtigen Gottes sind?

Mehrere dieser jungen Menschen begannen, für mich zu beten, als ich vorne am Altar genau vor der Bühne stand. Alles war ruhig und nett, genau wie im Gottesdienstablauf vorgesehen. Als die jungen Leute anfingen, für mich zu beten, schloss ich meine Augen, und meine Gedanken waren weder auf Erweckung noch auf sonst etwas ausgerichtet. Ich war auf dem Sprung in die nächste Gemeinde, um dort zu predigen. Auf einmal begannen meine gefalteten Hände zu zittern, völlig ohne meine Erlaubnis, und ich konnte sie nicht mehr kontrollieren.

Ich bin bei den „Assemblies of God" aufgewachsen; mein Vater, Alberto Scataglini, war ein herausragender Leiter der „Assemblies of God" in Argentinien, der dieser Denomination als Superintendent und in einigen anderen Funktionen diente. In unserer Denomination (und ganz besonders mit der Ausbildung, die ich von meinem Vater erhalten hatte) hat ein Pastor, der auf der Bühne steht, immer die Kontrolle über alles was geschieht. Wir lassen uns vom Herrn gebrauchen, aber die Dinge dürfen niemals außer Kontrolle geraten. Mein Vater sagte immer: „Wenn schon der Pastor die Kontrolle verliert, was wird dann mit dem Rest der Gemeinde geschehen?"

Das ist ein sehr weiser Rat, doch in diesem Fall war es das allererste Mal, dass mir Dinge auf der Bühne passierten, die ich nicht mehr kontrollieren konnte. Ich dachte: „Das ist hier völlig fehl am Platz." Ich öffnete meine Augen und sah auf die Gemeinde vor mir. Bei niemandem sonst zitterten die Hände. Ich umklammerte meine Hände, um das Zittern zu unterbinden – da begann mein ganzer Körper zu zittern. Ich erinnere mich noch, wie ich meine Knie zusammenpresste und mich ganz steif machte in einem vergeblichen Versuch, meinen Körper zur Ruhe zu bringen und das Beben zu stoppen. Dann fiel ich zu Boden.

Etwas sehr Seltsames geschah da mit mir, und ich sagte mir: „Das ist nicht richtig; ich muss aufstehen". Ich lag am Boden, von einem unkontrollierbaren Schütteln ergriffen. Ich schaute auf zu den Leuten, und sie sahen mich an. Niemand betete mehr! Der Pastor stimmte ein paar Lieder an. Ich schätze, sie wussten nicht, was sie mit mir anfangen sollten. In einem Augenblick weinte ich, im

nächsten lachte ich. Es war mir alles sehr peinlich, und ich war schockiert und überaus glücklich, alles auf einmal.
Ich dachte: Ich muss hier raus! Drei Mal bemühte ich mich aufzustehen. Beim dritten Mal halfen mir einige der Gemeindeleiter auf die Beine. Der zweite Pastor stand neben mir und hielt mich aufrecht. Der leitende Pastor kam von der Bühne herunter und trat neben mich.

Weinend sagte ich: „Pastor, du darfst nicht zulassen, dass ich diesen Gottesdienst störe. Bitte bring mich nach draußen." Dieser Bruder legte seinen Arm um meine Schultern und sagte: „Du störst hier gar nicht, Bruder. Das ist die Gegenwart Gottes." Seine einfachen Worte waren wie Balsam für meine Seele.

Schließlich halfen mir zwei Männer, und ich dachte, sie würden mich in einen anderen Raum bringen. Ich wollte einfach nur mit Gott alleine sein. Aber sie hatten die schlechte Idee, mich vorne in der ersten Reihe auf einen Stuhl zu setzen. Ich zitterte weiterhin, und alle paar Minuten fiel ich zu Boden, und dann kam wieder jemand, um mich auf meinen Stuhl zu setzen. Dann fing ich an zu schreien. Ich nahm mein Taschentuch und presste es fest auf meinen Mund. Ich sagte mir: Ich darf diesen Gottesdienst nicht stören. Ich nahm mich zusammen, so gut ich konnte, aber je mehr ich versuchte, das Ganze zu kontrollieren, desto stärkere Wellen des Heiligen Geistes gingen über mich hinweg.

Später erfuhr ich dann, dass dies eine Begegnung mit dem Feuer Gottes war. Wie ich bereits in der Einführung beschrieben habe, ist dieses heilige Feuer eine direkte Berührung Gottes, die uns dazu bewegt, die Sünde zu hassen und Reinheit zu lieben, mit dem Ziel, Seelen für das Reich Gottes zu gewinnen. Es ist eine großartige Leidenschaft, Gott von ganzem Herzen, ganzer Seele, allem Verstand und mit ganzer Kraft zu lieben. Ich fühlte es buchstäblich wie Kraftwellen in all meinen Knochen und am ganzen Körper. Seine Herrlichkeit war greifbar. Damals wusste ich noch nicht, wie ich es benennen sollte. Aber jetzt habe ich erkannt, dass das Feuer Gottes äußerst biblisch ist. Als Johannes der Täufer den Weg für Jesus bereitete, sprach auch er von einer Feuertaufe, als er sagte:

Matthäus 3, 11
Ich taufe euch mit Wasser zur Buße; der aber nach mir kommt, ist stärker als ich, und ich bin nicht wert, ihm die Schuhe zu tragen; der wird euch mit dem Heiligen Geist und mit Feuer taufen.

Im nächsten Vers sagt Johannes:

Matthäus 3, 12
Er hat seine Worfschaufel in der Hand; er wird seine Tenne fegen und seinen Weizen in die Scheune sammeln, aber die Spreu wird er verbrennen mit unauslöschlichem Feuer.

Sein Feuer ist ein heiliges Feuer; es ist unauslöschlich und verbrennt die ganze Sünde in unserem Leben. Und alle, die sich diesem Feuer nicht unterwerfen, werden ganz verbrennen, so wie die Spreu. Sein Feuer brennt entweder zur Reinigung oder zum Gericht.

Was werden die Schwiegereltern sagen?

Ohne mich vorher zu fragen war jemand in das Gemeindebüro gegangen, um den Pastor der anderen Gemeinde anzurufen, der mich eigentlich zur Predigt erwartete. Dem Pastor wurde ausgerichtet, dass es wohl sehr unsicher wäre, ob ich es noch schaffen würde, zur Predigt zu erscheinen. Ich benötigte schließlich mehr als zwei Wochen, um in dieser Gemeinde zu predigen!

Als ich so auf meinem Platz in der ersten Reihe zusammengesackt war, dachte ich: „O, was für eine wunderbare Welle der Kraft Gottes. Ich bin sicher, ich werde heute morgen eine umwerfende Predigt halten." Ich hatte keinerlei Vorstellung davon, dass es bereits eineinhalb Stunden zu spät für die Predigt war. Gegen Ende des Gottesdienstes kam der Pastor und half mir auf die Beine und hielt mir das Mikrofon vor den Mund. Er wollte, dass ich der Gemeinde eine Zeit lang dienen sollte. Als ich versuchte etwas zu sagen, erkannte ich, dass ich nicht richtig sprechen konnte. Ich weiß, dass ich einen spanischen Akzent habe, aber das hier war schlimmer!

Ein paar Leute kamen nach vorne, um Gebet zu empfangen, und ich bemerkte, dass nach dem Gebet einige von ihnen ebenso wie ich zu zittern begannen. Ich hatte Angst, das war irgendwie zu viel für mich an einem Tag. Schließlich kam ein Bruder auf mich zu und stellte mir eine Frage, die mir recht peinlich war. Er fragte: „Bruder, soll ich Sie nach Hause bringen?"

Ich antwortete: „Ja, ich glaube schon." Ich hatte einen Leihwagen und dieser Bruder fuhr mich nun damit nach Hause.
Auf der Fahrt zum Haus meiner Schwiegereltern hatte ich nur ein Gebet. Während ich weiter zitterte, weinte und lachte, bat ich: „Herr, bitte lass mich meine Schwiegereltern so nicht sehen". Ich betete, dass sie bei unserer Ankunft nicht zu Hause wären. Ich betete dies mit aller Inbrunst. Wissen Sie, meine Schwiegereltern sind gottesfürchtige Menschen; ich glaube, wir leben im selben Reich, nur in verschiedenen Wohngegenden. Über die Jahre hatte es verschiedentlich theologische Spannungen zwischen uns gegeben. Und so betete ich: „Herr, lass dies keinen Streit verursachen".

Als ich die Tür zum Haus meiner Schwiegereltern öffnete, standen meine Schwiegereltern direkt vor mir. Ich konnte nicht besonders gut laufen, und deshalb musste der Bruder, der mich nach Hause gefahren hatte, mich fast tragen. Ich konnte auch nicht besonders deutlich reden, aber ich erinnere mich noch, dass ich zu meiner Schwiegermutter sagte: „Es geht mir gut; mach dir keine Sorgen. Aber bitte sieh mich nicht an." Und im gleichen Augenblick hob meine Schwiegermutter ihre Hände zum Himmel und begann zu weinen und Gott zu preisen. Zur Ehre Gottes begann sie sofort eine dreitägige Fastenzeit. Als ich mich auf den Weg in mein Zimmer machte, hörte ich sie zu meiner großen Überraschung sagen: „Genau das brauchen wir in unseren Gemeinden!"

Der Bruder erklärte ihnen, was geschehen war; das gab mir die Gelegenheit, mich in mein Zimmer zu schleichen. Ich konnte zwar nicht laufen, aber ich konnte krabbeln. Und so machte ich mich langsam auf den Weg die Treppe hinauf nach oben. Zu guter Letzt erreichte ich mein Zimmer im ersten Stock und schloss die Türe hinter mir. Ich war so froh, endlich allein zu sein. Ich zitterte und weinte weiter, und ich wusste nicht, wie mir geschah. Zwei Stunden später verschwanden alle diese äußeren Anzeichen vollständig. Kein Zittern mehr; alles war in Ordnung. Ich dachte noch: Meine Güte, da habe ich vielleicht meiner Gemeinde in La Plata was zu berichten. Ich glaubte, das sei das Ende der Erfahrung.

Keine Berührung, sondern Veränderung

Nachdem ich mich wieder völlig normal fühlte, ging ich die Treppe hinunter, um meinen Schwiegereltern zu erklären, was geschehen war. Aber bevor ich noch mit meiner Erklärung beginnen konnte, setzte meine Schwiegermutter mir einen Teller der letzten Mahlzeit vor und meinte: „Ist der Herr nicht wunderbar?" Kaum hatte sie das gesagt, konnte ich spüren, wie die Herrlichkeit des Herrn erneut über mich kam, und ich fiel rückwärts zu Boden und begann zu zittern. Dann kroch ich erneut die Stufen zu meinem Zimmer nach oben.

Ich sollte eigentlich einem anderen Pastor in der Gegend bestätigen, dass ich in seiner Gemeinde predigen würde, aber ich war noch nicht einmal in der Lage zu telefonieren. Ich dachte: „Herr, wenn das von dir ist, wie kann es dann sein, dass ich nicht dein Werk tue? Ich sollte eigentlich beschäftigt sein – jetzt mehr als je zuvor." Auf dem Schreibtisch in meinem Zimmer hatte ich eine eindrucksvolle Liste liegen mit Dingen, die ich eigentlich tun sollte. Auch das Flugticket für diese Reise war teuer gewesen, und ich hatte das Gefühl, einiges erledigen zu müssen. Ich blickte die Liste an, und die Liste blickte mich an, und ich wollte für den Herrn tätig sein. Aber der Herr hatte andere Pläne für mich. Er achtete nicht auf meinen Zeitplan – Er warf ihn völlig durcheinander!

An diesem Abend besuchte ich einen Gottesdienst, bei dem mehrere Gemeinden versammelt waren. Ich saß ganz hinten, und plötzlich kam die starke Gegenwart Gottes über mich, und mit ihr dieses unkontrollierbare Zittern. Ich sagte mir: „Ich habe keine Ahnung, was diese Leute denken werden, wenn die Manifestationen wieder losgehen." Deshalb rannte ich hinaus zu meinem Wagen und zitterte auf der ganzen Fahrt von einer Stadt zur nächsten. Ich wollte einfach wieder zum Haus meiner Schwiegereltern zurück und mich dort verstecken.

Der Herr achtete nicht auf meinen Zeitplan –
Er warf ihn völlig durcheinander!

Am nächsten Tag war die Gegenwart Gottes noch stärker als am Sonntag. Um 7.00 Uhr morgens begann ich, mein Hemd zu bügeln; weil ich außer Haus gehen wollte, um Dinge für Gott zu tun. Ich wurde mit dem Bügeln bis 15.00 Uhr nicht fertig, weil während des Bügelns die Herrlichkeit Gottes immer wieder den Raum erfüllte, und ich einfach zu Boden fiel und Ihn anbetete.

Seine greifbare Gegenwart

Gott ist uns nicht gleich – Er ist mächtiger. Deswegen hat Er keinen Platz in unseren alten Mustern. Wir können keine Ausgießung Seines Heiligen Geistes in unserem Leben empfangen und den selben alten Weinschlauch behalten. Wir müssen zuerst unsere Weinschläuche auswechseln, bevor der Heilige Geist kommen kann. Wenn wir so eingenommen sind von unseren eigenen Wegen und Mustern, und der Heilige Geist dann kommt, wird er unsere alten Schläuche zerreißen.

Aber neue Schläuche sind anders, da sie sich dehnen. Der Herr wird vielen von Ihnen die Flexibilität des Heiligen Geistes schenken. Dann werden Sie sagen: „Herr, ich bin dehnbar. Es ist egal, ob ich älter als vierzig oder fünfzig oder sechzig bin. In meinem Herzen ist Platz für deinen Willen."

In Matthäus 3, 11 heißt es: „Er wird euch taufen mit dem Heiligen Geist und mit Feuer." Deshalb sagen manche Menschen: „Ich habe den Heiligen Geist bereits vor fünfzehn Jahren empfangen." Ich glaube, dass der Heilige Geist in unsere Herzen kommt, sobald wir Jesus aufnehmen. Das ist der Anfang. Seine Gegenwart ist mit uns. Ohne den Heiligen Geist könnten wir keine Christen sein. Aber dann kommt die Taufe im Heiligen Geist. Sobald wir Jesus aufnehmen, wohnt der Heilige Geist in uns. Wenn wir im Geist getauft werden, dann fließt der Heilige Geist über und durch unser Leben. Dabei können verschiedene äußere Zeichen auftreten, so wie Gott es bestimmt. Aber ich bin mir sicher, der innerliche Beweis ist die Kraft, Zeugnis zu geben (vgl. Apostelgeschichte 1,8), und die Leidenschaft für Gott und Seelen.

Irgendwie ist es uns gelungen, die Taufe des Heiligen Geistes vom Feuer des Heiligen Geistes zu trennen. Wir müssen uns an die Worte von Johannes dem Täufer erinnern, der die beiden nicht trennte, sondern sagte, Jesus würde uns mit dem Heiligen Geist und mit Feuer taufen. Die beiden gehen immer Hand in Hand. Wir sollen große Taten für Gott vollbringen und ein Leben voll heiliger Leidenschaft führen.

Viele Christen bringen in ihrem Leben keine Frucht, weil sie sagen: „Ich habe den Heiligen Geist, aber ich habe kein Feuer. Ich habe weder Feuer für die Nationen, noch für meine Stadt oder meine verlorenen Verwandten." Gott bewegt sich in Kraft wie nie zuvor, und Er manifestiert sich in Zeichen und Wundern. Ich glaube, der Heilige Geist ist derselbe heute, morgen und gestern, aber Er kann es sich aussuchen, wie Er Seinem Volk Seine Gegenwart offenbaren will. Er kann sie durch einen wunderbaren Strom der Salbung offenbaren, aber Er kann dies genauso durch ein plötzliches Feuer Gottes tun. Er ist im Erdbeben genauso wie in der sanften Brise.

Die Salbung ist süß und kann als die Anzahlung Gottes auf seine Gaben und seine Gnade in uns beschrieben werden! Sie ist die greifbare Gegenwart Gottes, um uns zu dienen. Aber das Feuer ist plötzlich; es wird alles verzehren, was Sie haben! Das Feuer ist Brennstoff für die Salbung und befähigt uns zu einem größeren Maß an Heiligkeit. Das Feuer rüstet aus, die Salbung befähigt.

Es liegt an Ihm, wie Er sich offenbaren will, aber der Herr tut heute in Seiner Gemeinde ein stärkeres Werk. Die Braut Jesu Christi ist fast bereit für den Bräutigam. Der Heilige Geist ist dabei, die letzten Falten auszubügeln, und Er reinigt die letzten verbliebenen Flecken und macht die Gemeinde rein und schön für die großartige Hochzeit mit unserem Herrn und Retter, Jesus Christus!

Sind Sie bereit dafür, dass der Heilige Geist Ihren Terminplan durcheinander wirft und tut, was Er möchte? Bisweilen sagen wir: „Herr, ändere mein Leben, aber bitte nicht meine Formen. Komm meinen Sicherheiten nicht zu nahe. Das ist mein Bereich, und ich möchte nicht, dass du dich hier einmischst." Aber wenn Sie für Erweckung beten, dann kann es bisweilen sein, dass Sie sie bekommen!

Der Herr möchte in Kraft auf jeden einzelnen Menschen kommen. Auf jeden. Aber wir müssen den Heiligen Geist Sein Werk tun lassen, auf Seine Weise und in Seinem Zeitplan, weil der Herr, der Allmächtige allein regiert.

Kapitel 2

Die Furcht des Herrn

Während dieser ersten beiden Tage, die ich unter dem Feuer des Herrn verbrachte, konnte ich spüren, wie Wellen um Wellen des Heiligen Geistes über mein Leben flossen. Aber mein Sinn wurde erst am dritten Tag verändert. An jenem Tag war alles anders. Als ich aufwachte, war mein Zimmer mit Traurigkeit erfüllt. Dieselbe wunderbare Gegenwart Gottes, die mich am Tag zuvor noch umgeben und mit Liebe erfüllt hatte, stieß mich nun zurück und stand mir hart entgegen. Die Gegenwart Gottes schien mir gefährlich nahe zu sein.

An diesem Morgen war mir die Heiligkeit Gottes so nahe und erfüllte den Raum mit solcher Macht, dass ich von Furcht ergriffen wurde und zurückwich. Ich wich solange zurück, bis ich mit dem Rücken zur Wand stand. Dann dachte ich: „Was tue ich hier eigentlich? Das ist die Gegenwart Gottes, und Er ist Geist. Ich kann mich nicht vor Ihm verstecken". Und ich begann zu beten: „Bitte, Herr, nicht noch mehr." Es war das erste Mal in meinem Leben, dass ich so betete. Ich hatte solche Angst, dass ich sagte: „Herr, ich glaube nicht, dass ich noch mehr ertragen kann. Du bist einfach zu heilig." Manchmal, wenn wir weiter von Jesus entfernt sind, können wir uns mit unserem Lebensstil recht gut arrangieren. Aber wenn Jesus uns dann plötzlich sehr nahe kommt, wird es uns äußerst ungemütlich. Vielleicht wird es Ihnen sogar ungemütlich, während Sie dieses Buch lesen. Unter Umständen fragen Sie sich: „Was geschieht hier mit mir?" Lieber Leser, lassen Sie mich Ihnen hier versichern, die Heiligkeit Gottes kann auch über Sie kommen. Seine Gegenwart und Sein Feuer sind real. Wenn Er sich Seinem Volk naht, dann muss eine dramatische Veränderung die Folge sein. Es ist unmöglich, das Heiligtum Gottes zu betreten, ohne verändert zu werden.

So stellte ich mich der Tatsache, dass etwas grundsätzlich nicht in Ordnung war und bat den Herrn um Gnade, mich nicht an Ort und Stelle zu töten. Aber Gott antwortete mir nicht.

An diesem Nachmittag machte ich einen Spaziergang auf dem Grundstück meiner Schwiegereltern. Als ich einen Kiesweg entlang ging, kam auf einmal die Kraft Gottes über mich und warf mich auf meine Knie. Es geschah so plötzlich und unerwartet, dass ich sofort in Tränen ausbrach. Dann begann der Heilige Geist, mir Sünde in meinem Leben zu zeigen. Er zeigte mir die Bereiche, in denen sich die Sünde eingeschlichen hatte, und die noch nicht in Ordnung gebracht waren.

Ich bin in einer christlichen Familie geboren und aufgewachsen, und bereits als ich noch ein ganz kleines Kind war, haben mir meine Eltern aus der Bibel vorgelesen. Sie lehrten mich die Wege des Herrn. Aber jetzt begann der Herr, sich mit dem zu befassen, was ich „evangelikale Sünden" nannte, kleine Dinge, bei denen die Gemeinde ein Auge zuzudrücken und zu sagen schien: „Nun ja, es ist schon in Ordnung, wenn du der Lust ein bisschen nachgibst oder wenn du ein bisschen begehrst. Sorge einfach nur dafür, dass es nicht außer Kontrolle gerät." Ich hatte die Verzerrung der biblischen Lehre in meinem Leben akzeptiert, dass wir immer einen gewissen Anteil an Sünde oder des Bösen in uns haben werden. Aber jetzt widerstand mir der Heilige Geist. Er hielt mich nicht länger in seinem Arm.

Zeit löscht keine Sünde aus

Und während ich so auf dem Kiesweg lag, zeigte mir der Herr sehr konkrete Dinge auf, die in meinem Leben nicht in Ordnung waren. Ich hatte gedacht, die Zeit würde diese Sünden auslöschen, weil sie so geringfügig waren. Aber ich wurde daran erinnert, dass auch geringfügige Sünden Sünde sind. Und alle Sünde ist böse und zerstört. Einen Augenblick lang sah ich eine Begebenheit vor mir, als ich mein Herz gegen einen Bruder verhärtet hatte. Ich konnte genau den Ort sehen, an dem es geschehen war. Ich hatte ihm nichts angetan, aber ich hatte mir innerlich geschworen, ihm nie wieder nahe zu kommen. Ich wurde an all die Male erinnert, bei denen meine Augen zu lange an Bildern verweilt hatten, die dem Herrn missfielen.

Ich begann, über meine Sünde zu weinen, und ich verspürte einen solchen Schmerz über meine Taten, dass ich mich krank und elend fühlte, als würde ich Fieber bekommen. Der Heilige Geist begann, zu mir zu sprechen, und langsam fing ich an zu begreifen, was der Herr bei mir tun wollte. Er sagte: „Weil du weder heiß noch kalt bist, werde ich dich aus meinem Munde ausspeien." Ich war völlig schockiert. „Herr", antwortete ich, „ich stehe schon seit Jahren im Dienst; ich bin ein Prediger deines Wortes. Ich habe erst letzte Woche gefastet, und ich bete jeden Tag. Wie konnte ich nur einer solchen Täuschung erliegen? Weshalb habe ich das noch nie gesehen?"

98 % Heiligung sind nicht genug!

Der Herr sagte zu mir: „Ich wünschte, du wärst so kalt wie ein Heide, damit ich dich noch einmal retten könnte, oder so heiß wie ein Gläubiger, der mir 100 % gegeben hat. Dann könnte ich dich gebrauchen, so wie ich es will." Dann wiederholte Er seine scharfe Warnung: „Weil du aber weder heiß noch kalt bist, werde ich dich aus meinem Munde ausspeien." Daraufhin beantwortete der Herr meine Frage, weshalb ich das noch nie gesehen hatte. Er sagte: „Das Herz des Menschen ist trügerisch und abgrundtief böse." Ich stand wie unter Schock. Ich konnte es nicht glauben, dass der Herr auf eine derartige Weise zu mir redete. Dann sprach der Herr erneut zu mir und sagte klar und deutlich: „98 % Heiligkeit sind nicht genug."

Einige Zeit nach diesen Ereignissen las ich einen Zeitschriftenartikel über Leukämie. Dort hieß es, dass diese Krankheit mit der genetischen Veränderung *eines einzigen weißen Blutkörperchens* im Rückenmark beginnt. Diese Krankheit, gegen die wir beten und derentwegen wir ins Krankenhaus gehen, um geheilt zu werden – diese Krankheit beginnt mit der genetischen Veränderung eines einzigen weißen Blutkörperchens. Und, meine Freunde, genauso funktioniert Sünde auch in unserem Leben – selbst im Leben eines Pastors, eines Dieners Gottes. Es findet eine genetische Veränderung statt, eine geistliche Veränderung in seinem Herzen. Vielleicht nur ein kleines bisschen Lust, ein wenig Neid, vielleicht nur eine kleine Lüge. Möglicherweise ist seine Sünde der Hass in seinem

Herzen gegen jemanden aus seiner Gemeinde, der ihm das Leben unglaublich schwer macht. Aber das ist bereits genug, um unser ganzes Sein zu verseuchen. Dann können wir eben nicht wie der Apostel Paulus sagen: „Mein Gewissen ist rein." (1. Korinther 4,4)

Viele Gläubige haben bislang in ihrem Leben ausschließlich den Segen Gottes erfahren. Und Seine Segnungen sind wunderbar. Aber damit wir in Kraft von Ihm gebraucht werden können, müssen wir auch gereinigt werden. Derselbe Herr, der uns liebt und segnet, kommt, um eine Operation an unseren Herzen durchzuführen. Wir können unmöglich im Dienst stehen und gleichzeitig böse Angewohnheiten in unserem Privatleben haben. Manche haben sich daher entschlossen, den Dienst zu verlassen. Falsch! Schaffen Sie die bösen Angewohnheiten aus Ihrem Herzen!

Auf eine Art war ich ein Erzpharisäer. Mein Ziel war es, ziemlich heilig zu leben, es recht gut zu machen, den Test mit einem Erfolg von 80 % zu bestehen. Aber der Herr hatte andere Erwartungen an mich. Er tadelte mich für meine Selbstgerechtigkeit und stellte die Lüge in meinem Herzen bloß. Da erkannte ich meinen größten Irrtum: Ich hatte gar nicht erst versucht so zu sein wie Jesus, ich hatte einfach nur versucht ziemlich gut zu sein.

In diesem Moment fand ich heraus, dass all meine Religiösität und Disziplin in Seiner Gegenwart wie schmutzige Lumpen waren. Ich sah, dass ich gar nicht geglaubt hatte, dass der Herr mich dazu berufen hatte so zu sein wie Jesus. Ich hatte fälschlicherweise geglaubt, Er habe mich berufen ein ziemlich guter Mensch zu sein. In der Woche vor meiner Reise in die Vereinigten Staaten hatte ich einen Tag gefastet, viel gebetet und einen guten Eindruck von mir selbst gehabt. Ich hatte gedacht zumindest zu 90 % heilig gewesen zu sein.

Bisweilen gestatten wir scheinbar unwichtigen Sünden, sich in unseren Herzen niederzulassen. Aber lassen Sie mich Ihnen eine Frage stellen: Welchen Prozentsatz an Bösem, glauben Sie, wird Er uns mitnehmen lassen, wenn der Tag des Herrn kommt? Im Glauben müssen wir Ihm gestatten, uns zu reinigen.

Während ich weiter auf dem Kiesweg kniete, sprach der Herr so klar und einfach zu mir, dass sogar ein Kind es verstehen konnte. Zu diesem Zeitpunkt hätte ich auch gar nichts Kompliziertes verstehen können. Er sagte zu mir: „Niemand steht morgens auf, kocht sich eine Tasse Kaffee, lässt einen einzelnen Tropfen Gift hinein fallen, rührt einmal um und trinkt es dann."

Niemand käme auf die Idee, Wasser zu kaufen mit der Aufschrift: „98 % reines Mineralwasser, 2 % Abwasser"

Er offenbarte mir, dass viele Menschen in der Gemeinde Gift in ihrem Herzen und Gedanken zulassen. Langsam aber sicher wird diese kleine Menge an täglicher Sünde sie zerstören. Niemand käme auf die Idee, Wasser zu kaufen, das die Aufschrift trägt: „98 % reines Mineralwasser, 2 % Abwasser." Und dennoch haben viele Christen es zugelassen, dass geistliches Abwasser in ihr Leben eingesickert ist.

So viele Menschen fragen sich: „Weshalb verliere ich die Kraft des Herrn immer so schnell? Vielleicht bin ich ja einfach nur ein Versager, oder vielleicht bin ich nur nicht genügend ausgebildet." Ich sage Ihnen, selbst wenn wir nur 1 % Sünde in unserem Herzen haben, kann das schließlich den letzten Funken an Hingabe in unserem Leben zerstören.

Überführt sein von Sünde, keine Verdammnis

Ich weinte, bekannte und tat Buße. Der Herr führte mich zu sehr konkreten Sünden in meinem Leben; Er zeigte nicht einfach nur auf allgemeine Dinge. Satan hat einen pervertierten Dienst, den er vor allem in der Gemeinde ausübt. Sein Dienst ist es, Verdammnis zu bringen. Die Bibel nennt Satan den Verkläger der Brüder (vgl. Offenbarung 12,10). Er kommt und überzieht uns mit einem allgemeinen Schuldgefühl in unseren Herzen und Gedanken, aber er hilft uns nie, solche Schuldgefühle loszuwerden. Das führt nur dazu, dass wir uns schlecht fühlen. Manche Leiter, Mitarbeiter und Diener Gottes tun ihr Bestes, aber sie werden beständig von Schuldgefühlen gequält. Bevor sie predigen, müssen sie sich eine Stunde lang abmühen, die Schuldgefühle loszuwerden, und dann kehren sie trotzdem zurück. Das ist nicht der Dienst des Heiligen Geistes.

Der Dienst des Heiligen Geistes ist es, von Sünde zu überführen (vgl. Johannes 16,8). Gott spricht sehr direkt und konkret, und Sein Wort ist sehr deutlich. Er sagt uns, was in unseren Herzen, in unseren Gedanken und Gefühlen nicht in Ordnung ist, und Er erwartet Umkehr von uns. Wenn wir auf Seine Stimme hören, wird Er uns verändern. Das ist das Werk des Heiligen Geistes (vgl. 2. Korinther 7,10).

Dieses Werk ist ein gänzlich anderes als das des Teufels, der einzig aus dem Grund kommt, um Leben zu zerstören und ganze Dienste in Depression und Einsamkeit zu zerren. Es gibt Menschen, die denken: „Ich hoffe, niemand wird jemals herausfinden, wie ich in meinem Privatleben bin." Lieber Diener des Herrn, wenn das Feuer des Heiligen Geistes auf Sie kommt, dann werden Sie mit dem Apostel Paulus sagen: „Mein Gewissen ist rein" (1. Korinther 4,4). Ihr Leben wird durch und wegen Jesus gereinigt werden.

Am dritten Tag, dem 20. Mai, begann ich langsam, die Freude des Herrn zurückzugewinnen. Aber nun, statt an demselben Ort der Furcht zu landen, hatte ich die Adresse gewechselt. Die Freude des Herrn erfüllte den ganzen Raum. Dieselbe Herrlichkeit des Vortages kehrte zu mir zurück. Sechs Tage lang befand ich mich in der Gegenwart des allmächtigen Gottes, weinte und schrie zu Ihm. Sobald ich den Eindruck hatte, wieder normal zu sein, schlüpfte ich in mein Jackett und legte meine Krawatte an, um Dinge für Gott zu erledigen. Aber noch bevor ich die Türklinke erreichte, kam die Kraft Gottes über mich und warf mich zu Boden. Bisweilen lag ich dort stundenlang, bevor ich wieder aufstehen konnte.

Das Gute aufgeben um das Beste zu erlangen

Zwei Wochen später traf ich alle Vorbereitungen, um zu meiner Gemeinde in La Plata zurückzukehren. Kurz bevor ich die Vereinigten Staaten in Richtung Argentinien verließ, besuchte ich ein Gebetstreffen für Pastoren. Ein befreundeter Pastor war ebenfalls anwesend, und ich teilte ihm meine bevorstehende Abreise nach Argentinien mit. Ich bat ihn darum, unsere Telefonnummern auszutauschen. Er schrieb meine Nummer in sein Adressbuch, und ich bemerkte, wie er anfing zu zittern. Ich fragte ihn: „Empfängst du das gleiche wie ich?" Das war das Ende unserer Unterhaltung.

An Ort und Stelle, auf dem Parkplatz der Gemeinde, fiel er unter der Kraft Gottes zu Boden. Nebenan war eine christliche Schule, und ich konnte sehen, wie die Eltern den Mann am Boden anstarrten als sie ihre Kinder zur Schule brachten. Ich dachte noch: „Ich darf mich nicht zu sehr von dem berühren lassen, was mit diesem Mann geschieht, schließlich sind wir auf einem öffentlichen Parkplatz." Aber die Kraft Gottes kam über mich und ich fiel ebenfalls zu Boden.

Zwei weitere Pastoren kamen aus dem Gemeindegebäude und liefen zu uns herüber, weil sie dachten, es hätte sich ein Unfall ereignet. Aber als sie sich uns näherten, stellten sie fest: „Der Herr ist hier – das ist heiliger Boden." Sie zogen ihre Schuhe aus und fielen unter der Kraft Gottes zu Boden und begannen Gott zu preisen und zu prophezeien. Stundenlang blieben wir auf diesem Parkplatz, die Salbung war so stark, dass andere uns zu unseren Autos tragen mussten und uns nach Hause fuhren.

Der Pastor mit dem Adressbuch zitterte derart, dass ihm der Ring, den er zur Erinnerung an seinen Hochschulabschluss trug, von der Hand fiel. Als er ihn schließlich vom Boden auflas, hob er ihn empor und sagte: „Herr, ich weiß, dass Du nicht nur das Böse aus meinem Leben entfernst, sondern auch gute Dinge nimmst, um mir das Beste zu geben." Dann tat er das gleiche mit seiner Brieftasche, seinen Schlüsseln und mit allem, was er besaß. Er sagte: „Ich gebe dir meinen Dienst und mein Leben. Nichts davon gehört mir, ich gebe dir alles."

Heute ist dieser Pastor ein persönlicher Freund von mir, und ich kann sagen, dass sich sein Leben und sein Dienst seit dieser Begegnung auf dem Parkplatz dramatisch verändert hat.

Gott ändert seine Meinung über Sie nicht

Ich erzähle Ihnen mein Zeugnis nicht nur, um davon zu berichten, was auf der anderen Seite der Erdkugel vor sich geht. Der Herr hat mich gesandt, um Ihnen das weiterzugeben, was er mir gegeben hat. Silber und Gold haben wir nicht, aber was wir haben, das geben wir Ihnen im Namen Jesu (vgl. Apostelgeschichte 3, 6): Sie können das Feuer Gottes empfangen.

Ich möchte vielen von Ihnen ein Wort des Glaubens weitergeben: Der Herr ändert Seine Meinung über Sie nicht. Er kommt nicht heute zu Ihnen und lässt Sie wissen, dass Er sich geirrt hat und Sie doch nicht der Richtige sind. Er liebt Sie, und was Er Ihnen geben möchte, ist für alle Ewigkeit, bis Jesus wiederkommt. Verstehen Sie, wenn wir der Reinheit nachjagen und täglich in Ihm bleiben, ist das Feuer Gottes in uns unauslöschlich.

Kapitel 3

Ein Leben nahe am Feuer – Erweckung in Argentinien

Um zu verstehen, wie das Feuer Gottes in einer Person oder in einer Nation wirkt, möchte ich Ihnen von der Erweckung in Argentinien berichten. Es wird Ihnen das Hintergrundwissen darüber geben, wie das Feuer Gottes in mein Leben kam, so wie ich es in den ersten beiden Kapiteln berichtet habe.

Über die Erweckungen in Argentinien sind bereits viele gute Bücher geschrieben worden. Ich werde Ihnen die Geschichte aus meiner eigenen Erfahrung und den Erlebnissen, wie sie mir von meinen Eltern, Pastor Alberto Scataglini und seiner Frau, weitergegeben wurden, berichten.

Tommy Hicks kommt nach Argentinien

Die erste große Erweckung in Argentinien, über die auch am meisten geredet wird, ereignete sich zwischen den Jahren 1954 und 1957, als Tommy Hicks, ein amerikanischer Evangelist, mehrere Evangelisationen durchführte. Während der Zeit, die er in Argentinien verbrachte, forderte er die Pastoren heraus, Gott für größere Dinge zu glauben. Und größere Dinge begannen zu geschehen.

Während seines Besuches in Argentinien in den Jahren 1954 und 1955, füllte Hicks die größten Stadien des Landes. Nach Augenzeugenberichten (darunter auch das Zeugnis meiner Eltern) wurden manche dieser Veranstaltungen von mehr als 100,000 Menschen besucht. Mehrere Tausend Menschen versammelten sich noch draußen vor den Stadien und mussten wieder nach Hause geschickt werden. Ich wuchs mit den Geschichten über Verkehrsstaus, überfüllte U-Bahn-Stationen und umgeleitete Stadtbusse auf, die von den überwältigenden Massen ausgelöst wurden, die an diesen historischen Veranstaltungen teilnahmen. Tausende empfingen Heilungswunder und Zehntausende wurden in diesen großartigen Evangelisationen gerettet. Zum allerersten Mal in der Geschichte der

Bibelgesellschaft Argentiniens gingen die Bibeln aus, weil eine derart große Nachfrage bestand.

Ich wurde im März 1957 geboren. Hicks kehrte ein paar Monate nach meiner Geburt noch ein letztes Mal nach Argentinien zurück. Eines der liebsten Erinnerungsstücke meiner Eltern ist ein Foto, auf dem Tommy Hicks mich für die Kamera hochhält, mich dabei segnet und betet, dass ich ein Diener des Herrn würde.

Trotz der ungeheuren Anzahl an Errettungen und Heilungen fielen die evangelikalen Gemeinden in Argentinien bereits nach wenigen Jahren in ihr gewohntes „Alltagsleben" zurück (mit „evangelikal" meine ich hier alle wiedergeborenen Christen). Von den frühen Sechzigern bis in die Mitte der achtziger Jahre war das Gemeindewachstum in Argentinien weltweit am untersten Niveau anzusiedeln. Doch dann kam Carlos Annacondia.

Annacondia erscheint auf der Bildfläche

Zu Beginn der achtziger Jahren begann die Gemeinde meines Vaters in La Plata, die jetzt Puerta del Cielo (Tür zum Himmel) heißt und deren leitender Pastor ich heute bin, für eine große Ernte zu beten. Die Jugendlichen der Gemeinde verbrachten viele Abende bis in die Morgenstunden im Gebet. Zu dieser Zeit wurde der Gemeinde ein prophetisches Wort gegeben, dass eine ganze Lawine von Menschen auf sie zurollte. Mein Vater warnte die Gemeinde, sich bereit zu machen. Wer bereits längere Zeit dabei war sollte sich vorsehen, seinen Platz zu behalten. Sobald diese Lawine von Menschen über die Gemeinde hereinbräche, würden die Sitzplätze knapp werden. Er hatte keine Vorstellung davon wie bald sich seine Worte bewahrheiten würden.

Nachdem ich im Jahr 1978 die Bibelschule am „Instituto Biblico Rio de la Plata" in Lomas de Zamora, Argentinien, beendet hatte, besuchte ich für ein Jahr das „Eastern Pentecostal Bible College" in Ontario, Kanada, wo ich den Abschluss in ihrem Programm für besondere biblische Studien machte. Dann setzte ich mein Studium am „Southern California Bible College" fort und erhielt dort meinen ersten Abschluss in Theologie (B.A.). Ich kehrte nach Argentinien zurück, und gründete zusammen mit einem anderen Bruder eine Gemeinde in der Innenstadt von Buenos Aires. Kurz darauf verließ uns der Bruder und ich übernahm die Gemeinde als einziger Pastor. Was ich als viermonatigen Aufenthalt in Argentinien geplant hatte, weitete sich zu vier Jahren aus, in denen ich als Pastor in Buenos Aires diente.

Zu dieser Zeit hatte ich den Eindruck, der Herr riefe mich an das „Fuller Theological Seminary" in Pasadena, Kalifornien, um meine Studien dort weiterzuführen. So verließ ich im Herbst 1983 Argentinien erneut in Richtung Nordamerika. Letztlich sollte ich im Jahr 1986 den Abschluss als Magister (M.A.) der Theologie und Mission am Fuller Seminar machen.

Im März 1984, als ich am Fuller Seminar studierte, entschied sich mein Vater, mit der ganzen Familie ein paar Tage Urlaub zu machen und sie zogen sich in einen kleinen Bungalow am Stadtrand zurück. Während sie dort waren, kam ein Pastor namens Pablo Terechovich zu diesem Bungalow, um mit meinem Vater zu sprechen. Mit einem dringlichen Unterton in seiner Stimme bat er: „Kannst du nicht in die Stadt zurückkommen, um die stadtweite Evangelisation zu unterstützen, die wir gerade planen? Wir möchten deine Gemeinde gerne daran beteiligen." Alberto fragte: „Wer wird der Prediger sein?"

Pastor Pablo antwortete: „Ein Bruder namens Carlos Annacondia. Er ist ein Evangelist."

Da Carlos Annacondia den Pastoren noch nicht bekannt war, versprach Alberto, in die Stadt zurückzukehren. Mein Vater wollte diesen Evangelisten unbedingt treffen, um zu sehen, wer er war und wo er stand. Mein Vater saß dem neuen Evangelisten gegenüber und stellte zunächst die ganz offensichtlichen Fragen. Er fragte Annacondia nach der Gemeinde, aus der er kam, wie sein Dienst begonnen hatte, und was der Herr alles in seinem Leben getan hatte. Während er Annacondia zuhörte, betete er im Geist und hörte auf das, was der Heilige Geist ihm zu sagen hatte.

Während Annacondia auf alle Fragen antwortete, sprach der Heilige Geist zu Alberto: „Das ist mein Diener; ich habe ihn gesandt. Höre auf das, was er sagt." Alberto brach die Unterhaltung an Ort und Stelle ab und sagte: „Bruder Carlos, sprich nicht weiter. Komm und diene in unserer Evangelisation; von jetzt an bist du Elia, und ich werde Elisa sein. Ich werde alles tun, was du sagst. Ich werde dem folgen, was der Herr in dir tut. Der Herr gab dir die Vision; mein Teil ist es, zu gehorchen und dir zu folgen."

Annacondia war es äußerst unangenehm – und er sagte das auch – dass ein älterer, angesehener Pastor anbot, ihm zu folgen, besonders da Annacondia erst seit einigen Jahren Christ war. Aber der Herr wollte es so, weil Er dabei war, für die Gemeinde in Argentinien etwas völlig Neues vorzubereiten.

In La Plata beginnt Erweckung

Pastor Alberto Sacataglini erzählt die Geschichte, wie der Herr Erweckung nach Argentinien brachte:

Es hatte den Anschein, dass für alles Neue, das der Herr in der Erweckung tat, eine alte Struktur zerstört wurde. Und so begann der Herr, die Herzen und Sinne der Christen für die neuen Dinge vorzubereiten, die sie erleben sollten.

Als der Herr mir befohlen hatte, diesen neuen und unbekannten Evangelisten anzunehmen und zu unterstützen, war ich völlig schockiert, als Annacondia und sein Team begeistert erklärten, innerhalb von zwei Wochen mit den Evangelisationen zu beginnen. Zwei Wochen?! Man benötigt sechs Monate, um eine Evangelisation zu planen, die Mitarbeiter vorzubereiten, eine Halle zu mieten und alles vorzubereiten. Das war die erste der alten Strukturen, die zerstört wurde.

In der folgenden Woche begleitete ich (Alberto) Annacondia und seinen Mitarbeiter, Juan Dicresensio, um einen Ort zu finden, an dem wir die Evangelisation in La Plata abhalten konnten. Wir fuhren umher und sahen uns leere Grundstücke an, die unter Umständen dazu geeignet waren, um dort eine Openair Veranstaltung abzuhalten. Carlos und Juan hatten schließlich den Eindruck, genau den richtigen Ort gefunden zu haben. Beide spürten eine starke Bestätigung vom Herrn und begannen, nach den Besitzern zu suchen.

Nachdem wir aber die Grundstückseigentümer gefunden hatten, gaben diese eine sehr klare Antwort: Sie würden niemals die Genehmigung für eine solche Veranstaltung erteilen. Ich wollte weitersuchen, aber Juan bestand darauf. „Sie haben vielleicht Nein gesagt, aber der Herr hat Ja gesagt." Nachdem wir die Besitzer noch mehrere Male besucht hatten und nach viel Gebet, erlangten Carlos und Juan schließlich das lang ersehnte Ja. Die Vorbereitungen wurden sogleich begonnen, da die Evangelisation in der folgenden Woche stattfinden sollte.

Der erste Abend der Evangelisation war bereits völlig anders als alles, was wir bis dahin gekannt hatten. Als wir an dem Ort ankamen, sahen wir einige Pfosten, ein paar Ketten mit Glühbirnen, einige Stühle, ein Seil, das das Grundstück umgab und das Zelt, das von dem Evangelisationsteam aufgestellt worden war. Wir sagten uns: „Hier wird niemand auftauchen“. Das Ganze war uns etwas peinlich.

Das Zelt sollte dazu dienen dort Menschen mit geistlichen Problemen zu helfen. Später wurde es als Intensivstation bekannt. Die Veranstaltungen selber fanden im Freien unter spärlicher Beleuchtung statt. Als der Gottesdienst begann, führte uns der Anbetungsleiter von Annacondia in den Lobpreis. Das war nun ganz gewiss nicht die Art von Musik und Chorälen, die wir gewohnt waren. Es klang eher wie altmodische „Country-Musik“ mit „Blue-Grass-Einschlag“. Wir wussten nicht was wir von dem Ganzen halten sollten, bis Annacondia kam und mit seiner Predigt begann.

Seine Predigt war sehr stark auf Jesus ausgerichtet, und wir waren begeistert. Nachdem er eine machtvolle Botschaft über Jesus gepredigt hatte, waren wir sehr überrascht, als er sagte: „Höre, Satan, hör mir gut zu", und er begann, dem Teufel zu widerstehen und ihm zu befehlen, den Ort und das Leben der Versammelten zu verlassen. Als dann alles vorüber und der Gottesdienst beendet war, hatten 140 Menschen am ersten Abend ihr Leben Jesus gegeben! Das war für Argentinien wirklich ein Wunder, da wir zu diesem

Zeitpunkt eine der niedrigsten Gemeindewachstumsraten weltweit hatten. Aber wir waren immer noch nicht auf das vorbereitet, was danach kam.

Während der Evangelisation kamen die Menschen mit Kleidungsstücken ihrer kranken Verwandten, damit für sie gebetet würde. Ganze Tische waren überladen mit derartigen Kleidungstücken. Ein Zeugnis, das mir besonders im Gedächtnis haftet, ist der Bericht einer Frau, die ein Paar Socken ihres Mannes brachte, damit dafür gebetet würde; er konnte nicht mehr laufen. Sie nahm sie mit nach Hause und am folgenden Tag zog ihr Mann diese Socken an. Und plötzlich fing er an zu schreien, die Socken würden seine Füße verbrennen, und er begann, auf und ab zu springen. Er brauchte ein paar Momente, bevor ihm klar wurde, dass er springen konnte! Er war geheilt worden.

Es geschahen so viele Dinge während dieser Evangelisation mit Annacondia in La Plata im Jahr 1984. Sie veränderte unser Leben und unsere Gemeinde vollständig. Wir lernten mehr über Gott und die geistliche Welt, als durch Bibelstudium und Pastorenarbeit in allen vorhergegangen Jahren zusammen.

Wir lasen über die Bundeslade im Alten Testament, dass allen, die sie berührten, eine körperliche Veränderung widerfuhr (sie fielen tot zu Boden!). Denen, die zur Evangelisation mit Annacondia kamen, geschah etwas Ähnliches. Als die Menschen das Grundstück betraten, auf dem die Veranstaltungen abgehalten wurden, fielen viele, die geistlich Probleme hatten, zu Boden, als wären sie bewusstlos, und andere manifestierten ihre Dämonen.

Wir (einige Pastoren) kamen immer um 17.00 Uhr zu den Evangelisationszelten, um als Pastoren allen Hilfe und Seelsorge anzubieten, die dies wünschten. Die Menschen waren für geistliche Dinge sehr offen und kamen mit vielen Problemen zu uns. Ich erinnere mich noch, wie ich oft von dem Tisch aufspringen musste, an dem ich für meine Seelsorge-Gespräche saß, um für jemanden zu beten, der gerade das Grundstück betreten hatte und dabei zu Boden gestürzt war. Von der Zeit, als wir bei den Zelten ankamen, bis zum Ende der Veranstaltungen gaben wir den Menschen Seelsorge und beteten für sie. Für gewöhnlich verließen wir die Zelte gegen 2.00 oder 3.00 Uhr morgens.

Eine geistliche Revolution lag in der Luft. Der Kampf war noch nicht beendet, wenn wir das Licht ausdrehten. Bisweilen kamen wir erst gegen 3.00 Uhr nach Hause. Oft konnten wir nicht sofort schlafen, sondern redeten noch über die Zeichen und Wunder, die wir an diesem Tag gesehen hatten. Aber es klopften auch oft noch Menschen um 3.00 oder 4.00 Uhr morgens an unsere Türen, damit wir für sie oder Familienangehörige für Befreiung von Dämonen beteten. Die Menschen manifestierten böse Geister nicht nur, wenn sie zu der Evangelisation kamen, sondern oft auch noch zu Hause.

Es kam an den Punkt, wo wir nur noch in unseren Kleidern schliefen. Wir lagen einfach vollständig bekleidet auf unseren Betten, bis der nächste kam. Zwei Jahre lang hatten wir an keinem einzigen Tag ausreichend Schlaf. Wir predigten jeden Tag und eröffneten neue Orte zum Predigen in der Stadt, um die Menschen zu versorgen, die zum Herrn gekommen waren. Wir boten allen Seelsorge und Betreuung, die Hilfe brauchten. Es ist wunderbar, für eine Erwekkung zu beten und zu glauben, aber es ist genauso wichtig, bereit zu sein, den Preis für Erweckung zu zahlen, wenn sie dann geschieht.

Als die Evangelisation mit Annacondia schließlich vorüber war, standen die Menschen, die sich bekehrt hatten, zwei Häuserblocks weit Schlange, nur um zu einem Gottesdienst in eine Gemeinde hineinzukommen. Alle unsere sorgfältig vorbereiteten Pläne und Gemeindeaktivitäten wurden umgestoßen. Unsere Gemeinde ist nie wieder dieselbe gewesen. Mehr als 50.000 Menschen kamen im Jahr 1984 während der sechs Monate dauernden Evangelisation mit Carlos Annacondia in La Plata zum Herrn. Viele von ihnen machen heute einen großen Teil des Leibes Jesu in La Plata aus.

Obwohl viele wunderbare Dinge in unserer Stadt geschahen und viele Menschen der Gemeinde hinzugefügt wurden, waren nicht alle glücklich über die Erweckung – vor allem einige der älteren Christen. Manche waren verärgert, weil sie buchstäblich „ihre Sitze in der Gemeinde verloren hatten." Die Kirchen und Gemeinden wurden von vielen Menschen überschwemmt, die sich bei der Evangelisation bekehrt hatten. (Die Reaktion hier war ähnlich wie die von älteren Geschwistern, wenn ein neues Baby in der Familie geboren wird!) Manche beklagten sich auch darüber, dass sie ihren Pastor verloren hätten.

Trotz Kälte, Regen und Schlamm, die es bisweilen gab, wurden sechs Monate lang jeden Abend Gottesdienste abgehalten. Als die Evangelisation in La Plata vorbei war, wurde ich gebeten, vor Annacondia her in andere Städte zu reisen, in denen er ebenfalls Evangelisationen abhalten wollte. Meine Aufgabe war es, Gespräche mit den Pastoren dieser Städte zu führen, um sie auf die bevorstehende Evangelisation vorzubereiten.

Der wichtigste Grundgedanke, den ich den Pastoren verständlich machen wollte, war, dass diese Evangelisation wie keine andere Erweckungsveranstaltung je zuvor werden würde. Der Unterschied bestand darin, dass diese Evangelisation die ureigensten Strukturen ihrer Gemeinden verändern würde. Die Hauptveränderung bestand darin, weniger auf menschliches Eingreifen als auf das Eingreifen des Heiligen Geistes in ihren Gottesdiensten zu bauen. Das hatte seine Ursache nicht darin, dass die Dinge, die sie vorher getan hatten, etwa schlecht gewesen wären, sondern vielmehr darin, dass sich die Gemeinde auf eine neue Ebene der Herrlichkeit zubewegte. Es war eigentlich der Schritt von einer Lebensweise zu einer anderen.

Wagen Sie es, verfügbar zu sein

Die ganze Zeit über, während diese Dinge geschahen, studierte ich im Fuller Seminar und belegte Kurse über Gemeindewachstum bei Dr. C. Peter Wagner. Sowohl Dr. Wagner als auch meine Mitstudenten waren an der Entwicklung der Pläne Gottes in Argentinien sehr interessiert. Bisweilen las ich die Briefe laut im Klassenzimmer vor, die ich mit den unglaublichen Nachrichten aus La Plata über diese neue Bewegung Gottes erhielt.

Meine Mitstudenten haben mich oft gefragt, was denn der Schlüssel für eine derartige Ausgießung sei. Ich rief meinen Vater in La Plata an und stellte ihm eben diese Frage. Mein Vater antwortete ganz schlicht: „Ich glaube der Schlüssel ist, verfügbar zu sein. Wir haben uns dem Werk des Geistes nicht widersetzt, sondern wir waren einfach verfügbar für Gott."

Lieber Bruder und liebe Schwester, wir können die Nachwirkungen dieser ersten Evangelisationen bis zum heutigen Tag noch spüren. Seit dieser Zeit ist Argentinien von anderen neuen Wellen der Kraft heimgesucht worden. Der Schlüssel bleibt jedoch immer derselbe: Verfügbarkeit.

Wollen Sie es wagen, für den Heiligen Geist verfügbar zu sein, komme, was da wolle – sei es Erfolg oder Verfolgung? Während eines langen Dienstes oder eines kurzen Lebens? Hungern Sie derart nach Erweckung und der Errettung von Seelen, dass Sie sagen wollen: „Herr, ich bin verfügbar für dich!?" Wenn dem so ist, dann nehmen Sie sich einen Moment und schreiben Sie dem Herrn einen Brief oder beten Sie etwa das Folgende laut:

Lieber Herr,
ich bin bereit, den Preis zu zahlen. Ich bin verfügbar, damit du mich gebrauchen kannst.
Meine Liebe für dich ist stärker als die Furcht vor dem Unbekannten. Deine Liebe für die Verlorenen in mir ist stärker als meine Selbstbezogenheit und Selbstgenügsamkeit. Ich halte nichts vor dir zurück. Mach mich zu einem Werkzeug der Erweckung.

Hundertprozentig Dein,

____

Kapitel 4

Gesalbt für die Heiligkeit

Als die Argentinische Erweckung mit Carlos Annacondia im Jahre 1984 begann, war ich im Fuller Seminar in Pasadena, Kalifornien und verpasste dabei den größten Teil der ersten aufregenden Ereignisse. Zunächst konnte ich mir die Erweckung nur an Hand der Zeitungsartikel und der begeisterten Briefe vorstellen, die ich von meinen Eltern erhielt. Sehr schnell zeigte ich sie meinem Professor für Gemeindewachstum, Dr. C. Peter Wagner. Gegen Ende des Jahres 1985 nahm ich mir schließlich ein Trimester am Fuller Seminar frei, und kehrte nach Argentinien zurück, um selbst Augenzeuge der Erweckung zu werden.

Während meines Urlaubssemesters vom Fuller Seminar verbrachte ich auch einige Zeit in meiner Heimatstadt La Plata. Es war sehr offensichtlich für mich, dass durch Annacondia und seine Evangelisationen die geistliche Atmosphäre über Argentinien im Umbruch war. Man sagt, dass er seit 1984 mehr als zwei Millionen Menschen zum Herrn geführt hat. Gemeinden, die bis dahin noch keinerlei Wachstum gesehen hatten, wurden plötzlich von einem Zustrom von Menschen erfüllt, die sich bei seinen Evangelisationen bekehrt hatten. Die Art, wie in den meisten Gemeinden die Gottesdienste „gemacht" wurden, veränderte sich. Im Großen und Ganzen war eine vermehrte Offenheit für die Bewegung des Heiligen Geistes und für neue Dinge des Geistes zu sehen.

Im Frühjahr 1986 kehrte ich an das Fuller Seminar zurück, wo ich inzwischen Kathy, meiner späteren Frau, begegnet war, die dort ebenfalls studierte. Im Juli 1986 heirateten wir in Elkhart, Indiana. Wir lebten weiterhin in Pasadena, während Kathy noch ihren Magisterabschluss am Fuller Seminar machte. Ein Jahr später gründeten wir die „Scataglini Ministries, Inc.", und im Dezember 1987 wurden wir nach Argentinien „ausgesandt". Unser Ziel war es, mit der Gemeinde meines Vaters zusammenzuarbeiten, um eine Schule, ein Waisenhaus und ein Trainingsprogramm für zukünftige Leiter einzurichten. Bis Ende 1990 waren die Schule und das Waisenhaus in Betrieb genommen worden, und auch das Trainingsprogramm für Leiterschaft lief bereits. Dann verspürten Kathy und ich den Ruf Gottes, wieder in die Vereinigten Staaten zurückzukehren.

Wir zogen im Oktober 1990 nach Elkhart und errichteten dort einen Gebetsdienst, „Prayer Partners Ministry". Das Hauptziel dieses Dienstes war es, Christen im Gebet für Erweckung zu vereinen. Während dieser Zeit begann ich auch unter dem Titel „Moments of Prayer" (Momente des Gebets) kurze Radiosendungen aufzunehmen, die die Zuhörer in das Gebet für Erweckung leiten sollten; sie wurden sieben Jahre lang im christlichen Radio ausgestrahlt.

Wieder einmal – Erweckung in der Ferne

Als wir in Elkhart, Indiana, lebten, wurde uns immer wieder über die neuen Dinge berichtet, die Gott durch Pastor Claudio Freidzon in Argentinien tat. Als ich die ersten Berichte von meinen Freunden hörte, wurde meine Aufmerksamkeit sehr stark geweckt, da Claudio einer meiner Zimmerkollegen an der Bibelschule am „Instituto Biblico Rio de La Plata" gewesen war!

Ich hatte Claudio immer als einen sehr ruhigen Menschen gekannt, aber die Geschichten, die wir hörten, erzählten von gefüllten Stadien und von Claudios machtvollem Dienst in großer Salbung. Solche Beschreibungen passten überhaupt nicht zu diesem unauffälligen Mann. Ich wusste, dass dies das Werk des Heiligen Geistes sein musste.

Eines Tages rief ich Claudio zu Hause in Buenos Aires an. Ich fragte ihn nach den Ereignissen, von denen ich gehört hatte. Claudio bestätigte mir die Berichte, dir mir zugetragen worden waren. Während er mir davon berichtete, was der Herr tat, wurde mein Herz um so hungriger nach Erweckung. Ich fühlte mich in diesem Moment unglaublich bedürftig. Ich versuchte, meinen wahren Zustand zu verbergen, da es sehr peinlich gewesen wäre, meine Verzweiflung nach einer Berührung und Erfüllung von Gott zu enthüllen. Im Laufe der folgenden Monate verbrachte ich viele Stunden täglich im

Gebet und suchte nach mehr von Gott in meinem Leben. Ich war an einem Punkt der geistlichen Verzweiflung angelangt.

Etwas später, im Jahr 1993, fanden wir heraus, dass Claudio in Cincinnati, Ohio, sein würde, um an der groß angelegten Veranstaltung eines anderen Evangelisten teilzunehmen. So entschieden wir uns, die 320 Kilometer von Elkhart nach Cincinnati zu fahren, um Claudio zu sehen. Ich hatte dabei nur ein Ziel im Sinn: Ich fuhr dorthin, um ihn zu sehen, weil er die Salbung des Heiligen Geistes empfangen hatte, und ich wollte, dass Claudio für mich betet!

Ich erreichte das große Stadion in Cincinnati und fand dort Tausende von Menschen vor, die bemüht waren, einen Sitzplatz zu bekommen. Das Auditorium war zum Bersten gefüllt. Claudio hatte mir zugesagt, einen Platz in der ersten Reihe freizuhalten. Als die Anbetung begann, bahnte ich mir langsam einen Weg nach vorne. Zu meiner großen Freude konnte ich Claudio entdecken; er wartete auf mich und hatte mir auch, wie versprochen, einen Platz freigehalten. Mein Ziel war es, dass dieser Mann nach der Konferenz für mich beten sollte. Ich hatte dreieinhalb Stunden Autofahrt einzig und allein für diesen Zweck auf mich genommen.

Als ich mich setzte, kam einer der Ordner und sagte: „Entschuldigung, aber dieser Platz ist reserviert. Sie müssen nach hinten gehen." Ich wusste, dass in dem ganzen Stadion kein einziger Platz mehr frei war, und dass ich in diesem Fall irgendwo ganz weit hinten sitzen müsste. Ich wusste auch, wenn ich mich von dieser Stelle weg bewegte, würde ich Claudio aus den Augen verlieren, da er zu dieser Zeit bereits recht bekannt war. Es würde schwierig sein, Gebet von ihm zu empfangen.

Ich begann zu beten, während der Ordner mit Claudio sprach. Ich betete leise: „Herr, ich muss an diesem Platz sitzen. Bitte regle das irgendwie".

Da sagte jemand aus der zweiten Reihe: „Ich bin schon öfters in diesen Gottesdiensten gewesen. Sie können meinen Platz haben, und ich werde an einem anderen Platz sitzen."

Ich dankte Gott dafür, aber irgendwo hatte ich das Gefühl, am falschen Patz zu sein. Es war hart, ich musste beinahe um meinen

Platz kämpfen! Dann bat ich meinen Freund: „Claudio, würdest du für mich beten?" Er antwortete: „Nun ja, sobald die Veranstaltung vorbei ist werde ich für dich beten."

Ich genoss die Gegenwart Gottes während des Abends, aber immer wieder musste ich darüber nachdenken, dass Claudio danach für mich beten würde. Doch nach dem Ende der Veranstaltung sagte er zu mir: „Ich habe einen Termin für ein Abendessen mit dem Evangelisten dieser Versammlung; vielleicht kann ich heute Abend doch nicht für dich beten."

Ich wusste nicht, wie mir geschah. Ich glaube jetzt, dass Gott mich prüfte, aber damals wurde ich etwas ungeduldig. Nach dem Gottesdienst fragte mich Claudio, ob ich auf ihn warten wollte, während er seinen Termin für das Abendessen bestätigte. Vielleicht hatte sich inzwischen ja etwas anderes ergeben und der Evangelist würde sich gar nicht mit ihm treffen können. Dann hätte Claudio mit mir ausgehen können. Ich wartete gerne, da ich die Möglichkeit sah, Zeit mit ihm zu verbringen.

Ich wartete zehn, fünfzehn, zwanzig Minuten – das Stadion war bereits völlig leer. Als eine endlose halbe Stunde vergangen war, fragte ich mich: „Bin ich der einzige Idiot, der hier mit einer Bibel unter dem Arm herumsteht und darauf wartet, dass dieser Mann kommt, um für ihn zu beten? Ich bin wirklich zu töricht gewesen, so lange hier zu bleiben und für nichts und wieder nichts zu warten. Warum bin ich bloß so viele Stunden gefahren, um hierher zu kommen? Was geht hier vor sich? Herr, ich bin hungrig nach dir. Herr, ich brauche dich!"

Ich dachte, dass mein Freund mich wahrscheinlich einfach vergessen hatte. Gerade, als ich so dachte, kam Claudio zur Bühne zurück und sagte: „Auf, lass uns zum Abendessen gehen." Mein Herz hüpfte angesichts dieser Gelegenheit. Ich glaube, wenn er mich gefragt hätte, ob ich mit ihm Tennis spielen gehe, hätte ich auch das getan! Ich war bereit, alles zu tun, wenn er nur für mich beten würde!

Ich wollte nicht aufgeben

Im Restaurant konnte ich kaum die Pause zwischen dem Hauptgang und dem Nachtisch abwarten, damit Claudio endlich für mich beten konnte. So bat ich ihn: „Claudio, kannst du jetzt für mich beten?"

Er entgegnete: „Nicht hier, lass uns später in mein Hotelzimmer gehen." Ich stimmte zu.

Wir gingen in sein Hotelzimmer und er gab mir einige Videos von den Evangelisationen, die er in Argentinien abgehalten hatte. Es war etwa 2.30 Uhr morgens, und ich wartete immer noch auf das Gebet. Letztlich hatte ich die Gelegenheit, ihn zu fragen: „Und, Claudio, wirst du jetzt für mich beten?"

Er antwortete: „Warum kommst du nicht zu einer meiner Evangelisationen in Argentinien, und ich bete dort für dich?"

Inzwischen war ich wirklich verzweifelt. Ich presste hervor: „Ich kann zur Zeit nicht nach Argentinien kommen." Ich sagte es nicht, aber ich wusste, dass ich nicht so lange warten konnte. Ich bestand so sehr darauf, dass mein Freund und Bruder schließlich für mich betete. Der Herr wusste genau, was er tat. Claudio betete ein einfaches Gebet für mein Leben, und ich verließ ihn.

Gott berührte mich tief in meinem Herzen und nahm den ganzen Schmerz der Einsamkeit und Depression weg.

Als ich das Hotel verließ, war ich nicht sicher, ob überhaupt etwas geschehen war, außer dass ich einen tiefen Frieden verspürte. Aber das war auch schon alles. Am nächsten Tag machten Kathy, ich und unsere drei kleinen Jungen – Nathan, Jeremy und Miqueas (damals vier, drei Jahre und der Kleinste ein paar Monate alt) – uns auf den Weg zurück nach Elkhart. Auf unserer Fahrt nach Indiana waren die Kinder sehr unruhig. Ich fürchtete bereits, dass das bisschen an Salbung, das ich empfangen hatte, verloren gehen würde.

Aber ich wusste nicht, dass der Heilige Geist auf mich gekommen war und mein Gebet bereits beantwortet hatte. Auch wenn ich in einem christlichen Elternhaus geboren worden war, wusste ich bis zu dieser Zeit noch nichts über die Salbung. Wenn ich jetzt zurückblicke, kann ich sehen, wie der Herr meinen Glauben prüfte. Es war ja nicht so, als hätte Claudio nicht für mich beten wollen, sondern vielmehr hielt sich der Herr selbst in Schweigen zurück. Es erschien beinahe wie Ablehnung, weil Er sehen wollte, ob ich Seine Salbung auch wirklich empfangen wollte. Und ich empfing sie!

Am nächsten Tag empfand ich eine neue Freiheit in meinem Herzen – eine innere Heilung hatte stattgefunden. Ich hatte das Gefühl, als hätte der Herr Seine Hand ausgestreckt, mich tief in meinem Herzen berührt und den ganzen Schmerz der Einsamkeit und Depression, den ich in meiner Vergangenheit erfahren hatte, weggenommen. In den folgenden vier Jahren konnte ich mit einer Freiheit und neuen Salbung predigen, die ich zuvor nur ab und zu verspürt hatte. Ich lebte in der Salbung. Die Empfänglichkeit für den Heiligen Geist, die ich mit der Salbung gewonnen hatte, bereitete den Weg dafür, dass ich vier Jahre später eine andere Salbung in noch viel stärkerem Maße empfangen konnte – die Taufe mit Feuer.

Kathy, unsere Jungen und ich zogen im März 1994 wieder nach Argentinien zurück, nachdem wir eine Zeitlang in Elkhart gedient hatten, und wir begannen, bei meinem Vater als pastorale Mitarbeiter in „Puerta del Cielo" zu dienen. Im Dezember 1996 wurde ich als leitender Pastor eingesetzt; mein Vater blieb als Berater des pastoralen Teams. In unseren Gottesdiensten hatte wir eine beständige Bewegung des Heiligen Geistes. Ständig wurden Menschen errettet, und dennoch ertappte ich mich immer wieder im Gebet, wie ich zu Gott um mehr von Ihm und um eine Erweckung in unserer Mitte schrie.

Sehr bald danach begab ich mich auf meine unvergessliche Reise in die Vereinigten Staaten, die mein Leben für immer veränderte.

Kapitel 5

Eine neue Manifestation des Feuers Gottes

Wie ich bereits beschrieben habe, hat Gott im Mai 1997 mein Leben für immer verändert. Einige Wochen später war ich endlich bereit, nach Argentinien zurückzukehren. Bevor ich nach La Plata kam, hatte ich mir in Gedanken bereits meine erste Ansprache zurechtgelegt. Ich wusste genau, was ich meiner Gemeinde erzählen wollte, damit sie sich nicht vor diesem neuen Feuer Gottes fürchtete. Sie hatten bereits die unterschiedlichsten Berichte gehört. Ich war fest entschlossen, dass die Gemeinde sich wegen einer solchen Sache nicht spalten würde.

Als ich zu einem gewöhnlichen Gottesdienst mitten unter der Woche zur Kanzel zurückkehrte, fiel die Erweckung bereits in den ersten fünf Minuten. Schon als ich in der Gemeinde ankam, zur Bühne ging und das Mikrofon ergriff, warf mich die Kraft Gottes sofort zu Boden. Einige meiner Freunde hatten die großartige Idee, das Pult und die Blumen auf der Bühne zur Seite zu räumen, damit die Leute mich auf dem Boden zittern sehen konnten.

Ich bat meinen zweiten Pastor, hinauszugehen und Claudio Freidzon zu holen. Er saß gegenüber auf der anderen Straßenseite in meinem Auto. Claudio war nach La Plata gekommen, damit wir den Tag gemeinsam im Gebet verbringen konnten, und dann hatte ich ihn gebeten, mit mir zu kommen, um meiner Gemeinde an diesem Abend zu dienen. Aber Claudio, der das neue Feuer in meinem Leben sah, lehnte ab und sagte, er würde sich lieber in den Gottesdienst setzen und mir zuhören. Ich widersprach: „Wie kann ich predigen, wenn ein solcher Mann Gottes wie du im Gottesdienst sitzt? Das ist unmöglich." Deshalb waren wir übereingekommen, da es auch schon spät war, dass ich hineingehen würde, um mich der Gemeinde zu stellen und meine kleine Erklärung abzuliefern, und sie dann alle für den Gottesdienst am Sonntag einladen würde. Claudio sollte solange draußen warten.

Der Pastor nickte mir zu, aber er bewegte sich nicht von der Stelle. Er dachte wohl, ich sähe eine Vision oder so etwas ähnliches.

Es wäre auch wirklich sehr ungewöhnlich gewesen, wenn Claudio draußen im Auto gesessen hätte, während drinnen ein Gottesdienst ablief. Ich wiederholte: „Geh und hol ihn!" Schließlich glaubte mir mein Mitarbeiter endlich und ging hinaus, um Claudio zu holen. Als er endlich auf der Bühne erschien, lag die ganze Gemeinde auf ihren Knien und schrie zu Gott um Vergebung. Viele Gemeindemitglieder begannen, sich gegenseitig um Vergebung zu bitten. Der Gottesdienst dauerte Stunden.

Nach diesem Gottesdienst sahen wir den Anfang von Erweckung in unserer Gemeinde. Seit Juni 1997 haben sich viele neue Leute bekehrt, und ein Geist von Buße und neuer Hingabe ist durch die ganze Gemeinde gegangen. Ich bin sehr dankbar, dass ich nicht der einzige argentinische Pastor bin, der diese Berührung von Gott empfangen hat. Eine Vielzahl von Gemeinden und Pastoren in ganz Argentinien haben diesen neuen Wind und die Kraft seiner Gegenwart erfahren. Das Feuer seiner Heiligkeit dient dazu, die Flammen der Erweckung in Argentinien neu zu entfachen.

Wasser auf dem Opfer

Meine Geschwister, ich behaupte nicht, dass Sie zitternd auf dem Boden liegen müssen, um das Erweckungsfeuer zu erfahren. Der Herr wählt seine Zeichen und Wunder, wie Er es wünscht. Was ich aber betone ist, dass Gott nach Menschen sucht, die bereit sind zu sagen: „Herr, nimm alles von mir. Ich gebe mich dir 100%." Das Feuer Seiner Heiligkeit wird Sie reinigen. Das Feuer Seiner Heiligkeit kann Ihr Leben verkürzen. Manche von Ihnen trachten nach einem langen Leben, Bequemlichkeit, einem höheren Einkommen oder einem größeren Dienst. Sind Sie bereit, diese Dinge Seinem Willen auszuliefern?

Ich kann es Ihnen genauso gut jetzt gleich sagen: Als Elia sich auf das kommende Feuer Gottes vorbereitete, legte er nicht nur das Opfer und das Holz bereit, er leerte auch noch zwölf Krüge Wasser darüber (vgl. 1. Könige 18,33-34). Ich möchte an dieser Stelle etwas Wasser über das Opfer gießen, damit Sie *wissen*, dass das Feuer vom Heiligen Geist echt ist.

Manche von Ihnen suchen bereits seit Jahren nach dem Heiligen Geist, aber aus den falschen Motiven. Sie suchen nach persönlichem Gewinn; Sie sind voll des selbstsüchtigen Ehrgeizes. Wenn Sie ein Pastor sind, wollen Sie vielleicht Ihren Dienst wachsen sehen. Aber Sie werden niemals wirklich glücklich sein, bis Sie alle Ihre Ambitionen dem Herrn ausgeliefert haben. Dann wird Sein Feuer fallen, und Sie werden in der echten Freude des Heiligen Geistes der glücklichste Mensch auf Erden sein.

Gott übergeht die Pastoren nicht

Ein paar Tage nach meiner Rückkehr nach Argentinien besuchte ich ein Pastorentreffen in La Plata. Sie kamen alle zu einem echten argentinischen Grillfest zusammen und baten mich, mein Zeugnis zu erzählen. Ich machte mir Gedanken darüber, wie sie es wohl aufnehmen würden, und ich bat den Herrn, sie davor zu bewahren, Anstoß zu nehmen. Als ich meine Geschichte erzählte, begann einer der Pastoren zu schreien. Er schrie so laut, dass ich vergaß, was ich sagen wollte. Er schrie so, weil er das Feuer seiner Sünde in sich brennen spürte.

Ich schlug allen vor zu beten, und die Kraft Gottes kam sehr stark auf diese Pastoren. Ich habe so etwas noch nie gesehen. Manche stürzten buchstäblich mit dem Kopf voran von ihren Stühlen zu Boden. Alle übrigen knieten sich nieder und pressten ihre Gesichter auf den Boden, weil die Überführung des Heiligen Geistes auf sie gefallen war. Und ich spreche hier nicht über einen warmen Teppich. Wir befanden uns in einem Gebäude mit Betonfußboden an einem kühlen argentinischen Wintertag.

Bevor ich zu dem Treffen gekommen war, hatten die Pastoren eine Nachbesprechung des Tages angesetzt, um über dieses Feuer des Herrn zu sprechen. Als sie aber das Gebet für diesen Tag beendet hatten, stand einer der Pastoren auf und sagte: „Wie können wir es wagen, darüber zu diskutieren: Es ist von Gott." Die anderen Pastoren stimmten zu, aber sie vereinbarten, sich am selben Abend um 23.00 Uhr noch einmal zu treffen. An diesem Abend kamen noch mehr Pastoren zusammen, und die gleiche Herrlichkeit Gottes fiel an diesem Ort.

Feuer schon, aber ohne die Wunder

Manche Menschen fragen: Können wir das Feuer Gottes nicht ohne all diese seltsamen Zeichen und Wunder haben? Ich weiß es nicht, aber ich kann Ihnen das eine sagen: Zeichen und Wunder sind seltsame, göttliche Dinge, die die Aufmerksamkeit der Menschen auf den Herrn Jesus Christus richten. Wenn ein Zeichen die Aufmerksamkeit eines Menschen erregt und ihn dann zu Jesus weist, dann heißen wir dieses Zeichen herzlich willkommen:

> Apostelgeschichte 8, 6
> Und das Volk neigte sich einmütig dem zu, was Philippus sagte, als sie ihm zuhörten und die Zeichen sahen, die er tat.

Das Übernatürliche trägt zu einer schnellen Verbreitung des Evangeliums bei:

> Römer 15, 18-19
> Denn ich werde es nicht wagen, von etwas zu reden, das nicht Christus durch mich gewirkt hat, um die Heiden zum Gehorsam zu bringen durch Wort und Werk, in der Kraft von Zeichen und Wundern und in der Kraft des Geistes Gottes. So habe ich von Jerusalem aus ringsumher bis nach Illyrien das Evangelium von Christus voll ausgerichtet.

Zeichen tun dem Dienst keinen Abbruch. Zeichen erhöhen seine Glaubhaftigkeit:

> Apostelgeschichte 2, 22 (Hervorhebung durch den Autor)
> Ihr Männer von Israel, hört diese Worte: Jesus von Nazareth, von Gott unter euch *ausgewiesen* durch Taten und Wunder und Zeichen, die Gott durch ihn in eurer Mitte getan hat, wie ihr selbst wisst.

Markus 16, 20
Sie aber zogen aus und predigten an allen Orten. Und der Herr wirkte mit ihnen und bekräftigte das Wort durch die mitfolgenden Zeichen.

Diese neue Welle der Heiligkeit nimmt an Kraft noch zu, wenn sie von solchen Zeichen und Wundern wie Heilungen, Zittern und bisweilen Befreiung von dämonischen Belastungen begleitet wird. Mein Dienst besteht hauptsächlich in der Predigt von Heiligkeit, aber diese Zeichen folgen oft. Manche Menschen sind bereits körperlich geheilt worden, als sie nach vorne kamen, um eigentlich Buße zu tun, ganz ohne dass Heilung erwähnt worden wäre und ohne besonderes Gebet.

Schein-Heiligkeit

Damit wir im Bereich von Heiligkeit weiter wachsen und voran gehen können, ist es wichtig zu erkennen, welche Fälschungen und Imitate der Feind gebraucht, um zu rauben und zu zerstören. Hier folgt eine Aufzählung, auch wenn ich dabei nicht auf jedes mögliche Beispiel eingegangen bin.

Gesetzlichkeit

Viele Christen scheuen sich, der Heiligkeit in ihrem Leben nachzujagen, da sie fürchten, in Gesetzlichkeit zu fallen. Manche haben bereits traumatische religiöse Erfahrungen hinter sich, da ihnen Heiligkeit als ausgefeilte Liste von Geboten und Verboten gepredigt wurde. Die Prediger derartiger Listen gehören zu der Gruppe, vor der Paulus in Kolosser 2,20-21 warnt:

Wenn ihr nun mit Christus den Mächten der Welt gestorben seid, was lasst ihr euch dann Satzungen auferlegen, als lebtet ihr noch in der Welt: Du sollst das nicht anfassen, du sollst das nicht kosten, du sollst das nicht anrühren?

Erinnern Sie sich daran, Heiligkeit ist keine Liste, sondern eine Person: Jesus Christus. Er ist uns zur Gerechtigkeit und Heiligung geworden (vgl. 1. Korinther 1,30). Gesetzlichkeit glaubt, dass Errettung durch den Glauben und Heiligung durch Werke kommt. Aber in Wirklichkeit kommen sowohl Errettung als auch Heiligung durch den Glauben, der begleitet wird von Buße und Gehorsam.

Menschlicher Perfektionismus

Menschliche Anstrengung und Selbstdisziplin haben oft den Anschein von Heiligkeit, aber sie sind weit davon entfernt. Auch wenn Selbstdisziplin in unserem Leben notwendig ist, wird sie dennoch keine Heiligkeit hervorbringen. Man könnte denken, Reinheit wäre zu erringen, wenn man auf alle noch so kleinen Details achtet – aber das Ergebnis davon wird immer eine religiöse Zeitverschwendung sein. Die Schriftgelehrten zur Zeit Jesu waren von dieser Art. Jesus tadelte sie streng:

> Matthäus 23, 23-24
>
> Weh euch, Schriftgelehrte und Pharisäer, ihr Heuchler, die ihr den Zehnten gebt von Minze, Dill und Kümmel und lasst das Wichtigste im Gesetz beiseite, nämlich das Recht, die Barmherzigkeit und den Glauben! Doch dies sollte man tun und jenes nicht lassen. Ihr verblendeten Führer, die ihr Mücken aussiebt, aber Kamele verschluckt!

In ihrem stolzen Streben nach Äußerlichkeiten hatten die Pharisäer ihre Herzenshaltungen vergessen. Wer nach menschlicher Vollkommenheit trachtet, hat die falsche Perspektive.

Vielleicht haben Sie plötzlich mit Arroganz zu kämpfen, während Sie dies lesen, und Sie sind versucht, die ganze Botschaft aufgrund eines technischen Fehlers oder einer Äußerlichkeit abzulehnen. Lieber Leser, gehen Sie nicht dem tödlichen Irrtum des menschlichen Perfektionismus in die Falle. Er ist voller Stolz, zerstörerisch, und er lässt Sie Mücken aussieben (die Details), aber ganze Kamele verschlucken (Sie übersehen den Zustand Ihres Herzens und Ihre Gleichgültigkeit der Sünde gegenüber).

Auf einer meiner letzten internationalen Reisen kam ich in eine Gemeinde in einem sehr armen Stadtteil, wo ich predigen sollte. Als ich das Gebäude betrat, nahm ich innerhalb der ersten Momente jedes kleinste Detail wahr. Während ich so den Mittelgang hinunter zur ersten Reihe ging, wurde meine Seele von der Tatsache beschwert, dass die Wände des Saals nicht ganz bis an das Dach reichten und dass der Fußboden nur aus Lehm bestand. Aber plötzlich schoss etwas wie ein geistlicher Stromstoß durch meinen Körper und ich wurde mit einem Mal die starke Gegenwart Gottes an diesem Ort gewahr. Alle meine Gedanken verwandelten sich schlagartig. Ich sagte mir: „Wer kümmert sich schon um all die Details? Gott ist hier; diese Zeit des Dienens wird wunderbar werden." Und so war es dann auch, als Hunderte an diesem Abend für ihre Sünden Buße taten.

Haben Sie eine Mauer in Ihrem Herzen errichtet,
die Sie vom Feuer Gottes trennt?

Wenn Sie eine Predigt hören, zählen Sie dann zu denen, die sich denken: „Hier, schon wieder! Ein Grammatikfehler! Dieser Prediger ist noch nicht einmal richtig ausgebildet; ich frage mich, wie sein oder ihr Notendurchschnitt wohl war. Ich wünschte, ich könnte diese Botschaft empfangen, aber der Stil entspricht einfach nicht meinem Niveau." Haben Sie Ihren Eifer und Ihre Ehrfurcht völlig verloren?

Ich dränge Sie im Namen Jesu, jeder Form von selbstgerechtem Perfektionismus zu widerstehen und ihn zu hassen. Er hat nämlich nichts mit einer Reinheit des Herzens zu tun, und er beleidigt den Herrn. Nehmen Sie sich jetzt einen Augenblick, und sagen Sie aller religiösen oder intellektuellen Arroganz in Ihrem Leben ab. Wagen Sie es, zu werden wie ein Kind, einfach und vertrauensvoll. Schließlich sind das die Menschen, von denen Jesus sagte, sie würden das

Reich Gottes erben (vgl. Matthäus 18,3)! Vielleicht ist das die Barriere, die Sie bislang vom Feuer Gottes getrennt hat. Haben Sie eine Brandmauer in Ihrem Herzen errichtet? Tun Sie jetzt Buße, und Gott wird Sie voller Liebe in die Arme schließen!

Ein Wort für die Pastoren

Lieber Pastor, es ist mein Gebet für Sie, dass Ihr Leben und Ihr Dienst von innen heraus durch das Feuer Gottes verändert werden. So wie der Herr mich erneuert hat, zähle ich hier im Folgenden einige der wichtigsten Veränderungen auf, die bei mir stattgefunden haben.

Wagen Sie es, ein Prediger von Heiligkeit zu werden

Mitarbeiter Gottes, wagen Sie es, Gegenwind zu riskieren. Vielleicht werden Sie überrascht sein, wie viele Menschen geradezu auf eine machtvolle, biblische Lehre und Predigt über Heiligkeit gewartet haben. Sie müssen dazu gewiss *nicht* einer dieser hasserfüllten Prediger mit bedrohlicher Stimme werden.

Das beste Gegenmittel gegen Gesetzlichkeit auf der Kanzel ist eine Predigt mit Tränen in den Augen. Geben Sie Ihren Zuhörern zu verstehen, dass die Liebe Gottes Ihr Herz bricht, wenn Sie den Aufruf machen. Lassen Sie es sichtbar werden, dass Sie selbst in Seiner Gegenwart zerbrochen wurden, und dass Sie nun in einer Haltung der Demut kommen, um Ihre Mitchristen vor den Gefahren eines lauwarmen Lebens zu warnen.

Scheuen Sie sich nicht, sich zu wiederholen

Es ist schon in Ordnung, bestimmte Themen zu betonen oder zu wiederholen. Vielleicht werden Sie eine Zeitlang weniger Neues hervorbringen, aber auf die Dauer gesehen werden Sie effektiver sein. Predigen Sie nicht, um Eindruck zu schinden; fordern Sie die Menschen zur Veränderung heraus!

Predigen Sie Heiligkeit mit Hoffnung

Vielleicht fragen Sie sich, wie Sie einen beständigen Dienst der Heiligkeit haben können, ohne dabei ein deprimierender, nörgelnder Pastor zu werden. Ich denke, die Antwort auf diese Frage ist, Heiligkeit immer mit Hoffnung zu predigen. Das ist auch eine sehr leichte Aufgabe, da wir uns immer noch in der Zeit der Errettung befinden – es ist noch nicht zu spät für Vergebung und Gnade für den, der Buße tut.

Lassen Sie auf jeden Fall Ihre Gemeinde von der Freude des Herrn erfüllt werden, besonders nach dramatischen Zeiten des Sündenbekennens. Wenn die Sünde das Herz verlässt, entsteht ein geistliches Vakuum. Stellen Sie sicher, dass Ihre Gemeinde auch versteht, dass nach dem Bekennen die Vergebung Gottes kommt (vgl. 1. Johannes 1,9). Nehmen Sie sich Zeit, Seine Liebe zu empfangen und zu genießen. Es ist wichtig, so lange in der Gegenwart Gottes zu bleiben, bis der Heilige Geist alle Herzen und Sinne mit Seiner Liebe erfüllt.

Das gilt selbst für die Dauerbüßer, die bei jedem Aufruf nach vorne kommen (nur um dann in ihre alte Sünde zurückzufallen), ermutigen Sie sie, weiter Gott zu suchen. Selbst wenn die betreffende Person bereits fünfzig mal vorne war, ermutigen Sie sie, auch das einundfünfzigste Mal zu kommen, bis die Kette der Sünde endgültig zerbrochen ist und auch der Teufel die Botschaft begriffen hat. Diese Menschen haben sich an Christus gehängt, und sie werden anfangen, das Böse zu hassen und dem Teufel zu widerstehen, bis er flieht. Predigen Sie Heiligkeit mit Hoffnung für alle!

Predigen Sie voller Barmherzigkeit

Eine junge Frau kam zusammen mit vielen anderen nach vorne. Aber sie betete nicht; sie weinte nur in völliger Trostlosigkeit. Als ich auf sie zuging, sagte sie: „Ich glaube nicht, dass Gott mir noch vergeben kann; ich habe vier Abtreibungen gehabt." Ich war von der Seelenqual dieser jungen Frau tief bewegt. Ich ließ eine der Frauen unserer Gemeinde kommen, um dieses Mädchen in die Arme zu schließen. Als sie das tat, sagte ich der weinenden Frau: „Gerade so, wie meine Schwester Sie jetzt in die Arme schließt, so hält Gott Sie fest in Seinem Arm!"

Und ich glaube, das zerbrach das Eis! Diese Frau hatte sich so schmutzig und schuldig gefühlt, dass sie meine Predigt von Buße und Vergebung gar nicht hatte aufnehmen können. Aber als ich ihr die Barmherzigkeit Gottes so bildlich darstellte, traf die Botschaft ihr Herz. Lassen Sie die Menschen die Barmherzigkeit Gottes spüren, wenn Sie sprechen und ihnen dienen. Schließlich ist das genau das Herz Jesu, wenn wir zu Ihm kommen und Buße tun.

Kapitel 6

Unsere evangelikalen Sünden

Galater 5, 17
Denn das Fleisch begehrt auf gegen den Geist und der Geist gegen das Fleisch; die sind gegeneinander, so dass ihr nicht tut, was ihr wollt.

Die oben erwähnte Stelle aus dem Brief des Paulus an die Galater ist an Gläubige adressiert. Es geht hier um die Geschichte der Frustration im Leben von Christen; es gibt so viele frustrierte Christen, die in frustrierten Gemeinden unter frustrierten Pastoren leben. Es tobt ein Kampf – der Widerstreit dessen, was vom Geist ist, gegen das, was vom Fleisch ist. Aber wenn Sie vom Geist geleitet werden, dann sind Sie nicht unter dem Gesetz. Das bedeutet, Sie stehen nicht unter der Schuld des Gesetzes, des Gebotes unseres Herrn, das durch Mose im Alten Testament gegeben wurde. Wenn wir uns dem Heiligen Geist unter dem Neuen Bund der Gnade völlig ausliefern und hingeben, dann gibt es keine Verdammnis mehr für uns – wir sind frei (vgl. Römer 8,1).

Was dann folgt, ist die schärfste Warnung an Christen im gesamten Neuen Testament. Es sind die Merkmale einer Person, die in Dekadenz, Zerstörung und Verzweiflung gefallen ist: „Offenkundig sind aber die Werke des Fleisches, als da sind: Unzucht, Unreinheit, Ausschweifung" (Galater 5,19).

Vielleicht mag es Ihnen gelingen, Ihren Ehebruch zu verbergen, selbst wenn Sie ein Pastor sind. Möglicherweise weiß noch nicht einmal Ihre eigene Ehefrau, was gerade in Ihrem Leben vor sich geht. Aber Sie können sich nicht vor Gott verbergen. Alle unsere Taten stehen klar und deutlich vor der Gegenwart des Herrn da.

Wenn Sie in irgendeine Form sexueller Sünde verwickelt sind (und ganz besonders, wenn Sie im Dienst Gottes stehen), dann dränge ich Sie, über Unmoral Buße zu tun, noch bevor Sie dieses Buch aus der Hand legen. Wenn Ihre Augen nicht rein sind, dann müssen Sie heute Buße tun. In 1. Johannes 2,6 steht: „Wer sagt, dass er in ihm bleibt, der soll auch leben, wie er gelebt hat."

Mein Bruder und meine Schwester, ich frage Sie, wie lebte Jesus, als Er auf der Erde war? Er war dreißig Jahre alt, als Er Seinen Dienst begann, und dennoch war Er nicht verheiratet. Einige von Ihnen sagen jetzt vielleicht: „Ja, wenn ich erst verheiratet bin, dann werde ich heilig sein, aber jetzt gerade kann ich der sexuellen Versuchung einfach nicht widerstehen." Aber Jesus war alleinstehend und lebte ein vollkommen heiliges Leben.

Was für einen Lebenswandel führte Jesus hier auf der Erde? Er lebte in absoluter Reinheit. Wenn wir Ihn auf dem Weg von Kapernaum oder irgendeiner anderen Stadt angehalten und gefragt hätten: „Jesus, kann ich in deine Augen schauen?", dann hätten wir dort die Reinheit des Himmels gesehen. Die Bibel sagt, wenn wir in Ihm bleiben wollen, dann müssen wir leben, so wie Er gelebt hat. Wir brauchen dieselbe Reinheit.

Die Augen Jesu sahen keine Pornofilme und blieben auch nicht an schmutzigen Heften kleben, Er las keine unmoralischen Frauenzeitschriften oder unreine Bücher. Und genau dazu beruft Er uns: In einer solchen Reinheit zu leben. Wir müssen alle zum vollen Maß der Fülle Jesu Christi gelangen und nicht weniger (vgl. Epheser 4,13). Sagen Sie ihm: „Ich möchte so sein wie du, Jesus."

Ich bete für neuen Glauben in Ihrem Leben, damit Sie auch wirklich glauben, dass Sie so sein können wie Jesus. Manche sagen: „Wie kannst du so etwas sagen?" Jesus ruft uns, Ihm nachzufolgen, Ihm gleich zu sein, so zu leben, wie Er gelebt hat:

Matthäus 5,48
Darum sollt ihr vollkommen sein, wie euer Vater im Himmel vollkommen ist.

Epheser 5,1
So folgt nun Gottes Beispiel, als die geliebten Kinder.

1. Petrus 1,16
Ihr sollt heilig sein, denn ich bin heilig.

Er überwand alle Versuchung, damit auch wir die Versuchung überwinden können. Solange wir noch diesseits des Himmel sind, werden wir immer versucht werden. Aber die Kraft des Heiligen Geistes wird uns helfen, in Herrlichkeit und im Sieg zu wandeln. Das immer gleiche Muster des Fleisches ist Kampf – Niederlage – Kampf – Niederlage. Das Muster eines geisterfüllten Lebens ist Kampf – Sieg – Kampf – Sieg!

Abwenden vom Doppelleben

Galater 5, 19–21 (Elberfelder Bibel)
Offenbar sind aber die Werke des Fleisches, es sind: Unzucht, Unreinheit, Ausschweifung, Götzendienst, Zauberei, Feindschaften, Hader, Eifersucht, Zornausbrüche, Selbstsüchteleien, Zwistigkeiten, Parteiungen, Neidereien, Trinkgelage, Völlereien und dergleichen. Von diesen sage ich euch im Voraus, so wie ich vorher sagte, dass die, die so etwas tun, das Reich Gottes nicht erben werden.

Galater 5,19–21 spricht hier weiter über die Dinge, die dem Geist Gottes entgegenstehen, und sexuelle Unmoral und Unreinheit werden hier erwähnt. Es kann sein, dass mir einige von Ihnen hier entgegnen wollen: „Pastor, ich habe nie Ehebruch begangen; ich bin ein guter Christ." Wenn aber Ihre Gedanken unrein sind oder wenn Sie Ihre Frau hassen, dann leben Sie außerhalb des Willens Gottes. Oder wenn Sie sich wünschen, Sie hätten jemand anderen geheiratet, und wenn Ihre Gedanken und Gefühle bereits bei einer anderen Person sind, dann leben Sie außerhalb des Willens Gottes. Äußerliche Übereinstimmung mit einem christlichen Lebensstil rechtfertigt keine innere Unreinheit. Gott liebt Sie, und er will Sie verändern!

Sie können nicht länger ein Doppelleben führen. Wenn Sie sich dem Herrn zuwenden, dann wird Er Sie in die Arme schließen und Ihnen die Kraft geben, Ihre Gedanken zu verändern. Manche Menschen leben mit einem beständigen Gefühl der Unzufriedenheit. Sie denken immer: Ich wünschte, ich hätte diesen oder jenen geheiratet. Ich wünschte, ich wäre in einer anderen Stadt aufgewachsen. Ich wünschte, ich wünschte, ich wünschte. Wenn das Feuer des Heiligen Geistes auf Sie kommt, dann wird Ihre Seele zufrieden sein, genau an dem Ort, an dem Sie sich gerade befinden! Es wird keinerlei Unreinheit mehr geben, und Sie werden auch nicht in dieser ständigen Unzufriedenheit leben.

Einige Christen denken vielleicht: Das sind doch nur meine Gedanken; die tun ja niemandem weh. Diese Gedanken tun ja nichts Böses. Wenn wir aber persönliche Sünde in unserem Leben haben, dann gibt es immer eine Auswirkung auf das Ganze, der Leib wird beeinträchtigt. Unsere unreinen Gedanken haben eine Auswirkung auf die Menschen um uns herum – ganz besonders auf unsere Ehepartner und Kinder. Der Herr möchte uns reinigen und uns 100 % rein machen.

Ein Bruder, der bei einer christlichen Zeitung in Argentinien arbeitet, rief mich an und sagte: „Sergio, wir sind sehr froh über das, was du vom Herrn empfangen hast; wir haben nur ein Problem. Wir haben gehört, du gehst herum und predigst, dass 98 % Heiligkeit nicht genug sind."

Ich dachte innerlich: Was ist daran denn falsch? Dann erklärte ich ihm, dass im Wort Gottes sehr viel über Reinheit steht. Ich erwähnte 1. Thessalonicher 5,23: „Er aber... heilige euch durch und durch und bewahre euren Geist samt Seele und Leib unversehrt, untadelig für die Ankunft unseres Herrn Jesus Christus." Ich las ihm auch noch viele andere Bibelstellen vor. Schließlich sagte er: „Bitte komm doch und diene unseren ganzen Belegschaft hier."

Niemand kann mit Heiligkeit streiten. Wenn sie in Christus sind, werden sie Ihnen glauben. Galater 5, 19 fährt mit der Liste fort:

Unreinheit, Ausschweifung, Götzendienst, Zauberei

„Götzendienst" ist alles, was wir über die Maßen bewundern. Bewundern Sie irgend jemand oder irgend etwas über die Maßen, so dass es den ersten Platz in Ihrem Herzen einnimmt? Das ist Götzendienst!

Bitte betrachten Sie diese Liste sehr aufmerksam. Allzu oft bin ich in der Vergangenheit leichtfertig über diese Liste hinweggegangen, weil ich dachte: Das ist nichts für mich; hier geht es ja um Zauberei und Götzendienst. Aber sehen Sie sich die folgenden Punkte derselben Liste einmal genau an:

Feindschaft, Hader, Eifersucht

Wenn Sie ein Mensch sind, der gerne Zwietracht und Spaltungen in seiner Nachbarschaft, an seinem Arbeitsplatz oder in seiner Gemeinde hervorbringt, dann leben Sie nicht im Willen Gottes. Genießen Sie es, das Feuer der Ablehnung und des Grolls zwischen Familienmitgliedern zu schüren und anzustacheln? Wenn dem so ist, dann leben Sie außerhalb des Willen Gottes. Wenn ein anderer an Ihrem Arbeitsplatz oder in der Gemeinde mehr Erfolg oder Anerkennung bekommt als Sie, und es Ihnen dabei ganz schlecht wird, anstatt dass Sie sich für ihn freuen, dann ist das ein Anzeichen dafür, dass etwas nicht stimmt. Ich bitte Sie: Nehmen Sie sich ein paar Minuten, und kehren Sie um, bevor Sie dieses Buch aus der Hand legen.

Zornausbrüche

Manche Männer sind in der Gemeinde sehr nett und freundlich, aber sobald sie nach Hause kommen, sind sie gewalttätig. Manche beschimpfen ihre Frauen. Vielleicht denken sie, das sei ein Zeichen ihrer Männlichkeit, aber in Wahrheit können sie einfach ihre Zunge nicht kontrollieren. Bisweilen zerschlagen sie Dinge im Haus, oder sie tun sogar einem ihrer geliebten Familienmitglieder weh. Ich kenne Männer, die in ihrem Zuhause eine Katastrophe angerichtet haben und danach weinten, weil sie Veränderung wollten. Sie konnten sich aber nicht ändern, weil es da einen Punkt der Rebellion in ihrem Charakter gab. Wenn Sie Ihren Charakter nicht kontrollieren können, Jesus Christus kann ihn kontrollieren. Jesus kann unseren Charakter zerbrechen, wenn wir Ihn in Seine Gegenwart bringen. Der Herr möchte alle in Seiner Gemeinde heilen, die mit Jähzorn zu kämpfen haben.

Selbstsüchteleien

Selbstbezogenheit und fehlgeleiteter Ehrgeiz sind ein Übel, das viele

Christen und Dienste betrifft. Wenn Sie heute vor den Herrn treten, um Buße zu tun, dann müssen Sie Ihrem Dienst sterben. Hier geht es nicht um eine Party; das ist ein Begräbnis. Das Leben eines Christen beginnt mit dem Tod, und dann geht es weiter mit der Auferstehung in Christus.

Ich erinnere mich, wie ich einmal mit einem Bürgermeister sprach, der inzwischen ein guter Freund von mir ist. Ich fragte ihn, ob er Jesus in seinem Leben aufnehmen wollte und er antwortete mit der Frage: „Was bedeutet das?"

Ich sagte: „Es bedeutet genau das, was in Matthäus 16, 24 steht: ‚Will mir jemand nachfolgen, der verleugne sich selbst und nehme sein Kreuz auf sich und folge mir.'" Ich fügte noch hinzu: „Du musst dir selbst sterben und für Jesus Christus leben."

Er gab an Ort und Stelle sein Leben Jesus, und er wächst immer weiter im Licht. Das Leben und das Wachstum eines Christen beginnt immer mit dem Tod. Wir müssen unserem Fleisch, der Sünde, unseren bösen Leidenschaften, unserer Selbstsucht, unseren Bestrebungen sterben – wir müssen uns selber völlig tot sein.

Zwistigkeiten, Parteiungen

Auch das sind Dinge, die der Herr hasst.

Neidereien, Trinkgelage, Völlereien und dergleichen

Eines Tages diente ich auf einer Konferenz für christliche Leiter und Pastoren, und ich ließ sie sich alle an den Händen fassen und das folgende selbstlose Gebet beten: „Herr, segne meinen Bruder mehr als mich. Lass seine Gemeinde größer werden als meine. Lass die anderen Gemeinden der Stadt so stark wachsen, dass meine mit 2000 Gemeindemitgliedern die kleinste sein wird."

Wenn Ihnen vor Neid ganz schlecht wird, sobald Sie vom Erfolg eines anderen Pastors in Ihrer Stadt hören, dann müssen Sie Buße tun.

Eine scharfe Warnung im Neuen Testament

Und nun folgen einige der schärfsten Worte im gesamten Neuen Testament. In Galater 5, 21 schreibt Paulus:

„Ich habe es schon oft gesagt und ich warne euch hier noch einmal: Wer so lebt, wird niemals in das Reich Gottes hinein kommen." (Bibelübersetzung: Hoffnung für Alle)

Meine Freunde, das hier ist eine wiederholte Warnung der Schrift. Manche mögen denken: Gnade – die Gnade Gottes wird mich nächsten Sonntag schon wieder reinigen. Und am Montag kehrt diese Person zu ihrer alten Sünde zurück, zu ihren nicht jugendfreien Filmen, oder was auch immer sonst ihr geistliches Leben verschmutzt. Am Tag des großen Gerichts wird es Menschen geben, die voller Selbstvertrauen in die Gegenwart Jesu treten und sagen werden: „Herr Jesus, wir hatten einen Befreiungsdienst in unserer Gemeinde."

Aber Er wird sie fragen: „Weshalb nennst du mich Herr? Ich kenne dich nicht. Du warst meinem Willen nicht gehorsam. Du hast nach deinem eigenen Willen gelebt und hast meine Gaben zu deinem eigenen Ruhm missbraucht!" (vgl. Matthäus 7,21–23).

Andere werden zu Ihm kommen und sagen: „Herr Jesus, wir hatten einen Heilungsdienst in unserer Gemeinde. In deinem Namen haben wir die Kranken geheilt."

Der Herr wird zu ihnen sagen: „Ich kenne euch nicht; ihr wart mir nicht gehorsam!" Möglicherweise wird Er sogar sagen: „Ich habe es euch immer wieder gesagt, durch meine Diener und durch mein Wort; die solche Dinge tun, werden das Reich Gottes nicht erben. Ihr habt mir weder geglaubt, noch mein Wort ernst genommen."

Vielleicht wird es jemanden geben, der sagt: „Aber Herr, ich habe doch nur diese kleine Angewohnheit zu lügen. Der Rest von meinem Leben als Christ war doch gut." Und der Herr wird diesem Menschen sagen: „Habe ich dir nicht gesagt, dass kein Lügner in das Reich Gottes hineinkommen wird?"

Keiner, der nicht gehorcht, wird in das Reich Gottes hineinkommen, auch wenn er die Gaben des Heiligen Geistes in seinem Leben wirken sieht. Keiner, der sein Herz hart macht und einen unbußfertigen Lebensstil der Sünde führt, wird es schaffen. Solche Menschen widerstehen bewusst dem Heiligen Geist, selbst wenn ihre Sünden nicht direkt ins Auge fallen.

Keine Korruption im Himmel

In meinem Land war Korruption ein weit verbreitetes Problem. Es war nicht ungewöhnlich, von einem Polizisten angehalten und wegen eines beliebigen Gesetzesbruchs belangt zu werden, selbst wenn man gar nichts getan hatte. Alles, was man in einem solchen Fall benötigte, war ein wenig Bargeld, und schon konnte man unbehelligt seines Weges gehen – denn genau dafür war man angehalten worden. Diese Gewohnheit hatte ein ganzes Land in die Korruption gestürzt.

Wenn Sie nicht im Willen Gottes leben,
müssen Sie jetzt aufwachen!

Aber im Himmel wird es keine Korruption geben. Sie werden nicht sagen können: „Jesus, einen Moment noch, bevor du mich hinauswirfst und in die Hölle verbannst. Ich kenne diesen oder jenen Pastor, der ist auch schon hier. Ich habe meine Empfehlungen und gute Beziehungen in der charismatischen Szene." Hören Sie: „Ihr geistlicher Titel wird an diesem Tag völlig bedeutungslos sein. Wenn Sie nicht in Übereinstimmung mit dem Willen Gottes leben, dann müssen Sie jetzt aufwachen!"

Wer die Gebote des Herrn nicht ernst genommen hat, wird durch etwas Ähnliches gehen, wie es bereits in den Tagen Noahs geschehen ist. Noah hatte die Menschen gewarnt: „Es wird regnen. Eine Flut kommt." Sie verspotteten ihn und seine Botschaft; sie glaubten nicht, dass es wahr sein könnte. Noah und seine Familie gingen in die Arche und Gott schloss die Tür hinter ihnen (vgl. 1. Mose 7). Wenn die Tür erst einmal verschlossen ist, kann sie nicht mehr geöffnet werden.

Der Herr hat mich gesandt, diese Botschaft der Warnung zu predigen. Warum nehmen Sie sich nicht einfach jetzt einen Moment Zeit und sehen noch einmal die Liste durch, und gestatten Sie dem

Heiligen Geist, Ihnen Bereiche der Sünde aufzuzeigen, über die Sie Buße tun müssen. Tun Sie es jetzt.

Und das sind die Werke des sündigen Fleisches, wie sie in Galater 5,19-21 beschrieben werden:

⇒ Unzucht – Ehebruch, sexuelle Unmoral und/oder unmoralische Fantasien.

⇒ Unreinheit – etwas, das anstößig oder verschmutzend ist; Pornografie.

⇒ Ausschweifung – die grob unsittliche Hingabe an den Genuss der sinnlichen Leidenschaften.

⇒ Götzendienst – übermäßige Bewunderung.

⇒ Zauberei – Praktiken oder Kräfte von Hexen und Zauberern.

⇒ Feindschaften – tiefe Abneigung oder Ablehnung gegenüber einer anderen Person; Hass.

⇒ Hader – Mangel an Übereinstimmung; Konflikte; Streit.

⇒ Eifersucht – Haltung, Gefühl oder Zustand, von einem Rivalen verdrängt zu werden.

⇒ Zornausbrüche – gewalttätiger Zorn; Jähzorn; Wut.

⇒ Selbstsüchteleien – eifriges Streben nach dem eigenen Erfolg.

⇒ Zwistigkeiten – unterschiedliche Meinungen, die aus Zorn entstehen.

⇒ Parteiungen – eine Gruppe von Menschen, die innerhalb und oft auch gegen eine andere Gruppe besteht.

⇒ Neidereien – Gefühl von Groll oder Unzufriedenheit gegenüber den Leistungen anderer.

⇒ Trinkgelage – Trunkenheit als Ergebnis von übermäßigem Genuss alkoholischer Getränke.

⇒ Völlereien – jegliche Art übermäßigen Genusses[1].

Die Splitter entfernen

Als ich ein Kind war, brachte uns meine Mutter bei, dass wir im Haus nicht rennen durften, ganz besonders dann nicht, wenn wir

---

[1] Die meisten dieser Definitionen und zusätzlichen Anmerkungen sind dem *Funk & Wagnall's Standard Dictionary* entnommen (New York, NY: Harper Collins Publishers, Inc., 1993).

keine Schuhe trugen. Der Grund lag darin, dass unser Holzfußboden leicht Splitter hervorbrachte. Aber wir waren nicht immer gehorsam.

Eines Tages war meine Mutter nicht zu Hause, und meine Schwester und ich rannten mit Höchstgeschwindigkeit durch das Haus. Es kam wie es kommen musste, und ein Splitter bohrte sich tief in meinen Fuß. Ich war damals noch sehr klein, und ich hatte sehr große Angst. Ich entschloss mich, meiner Mutter nichts von meinem Problem zu erzählen, wenn sie nach Hause kommen würde. Ich würde einfach versuchen, so zu tun, als sei nichts geschehen. Mit jeder Stunde, die verging, bereitete mir der Splitter mehr Schmerzen, aber ich war gezwungen, weiter so zu tun, als sei alles in Ordnung.

Ich hatte beschlossen, lieber mit dem Splitter zu leben, als mich der Strafe meiner Mutter zu stellen. Außerdem wusste ich, dass meine Mutter sehr „grausam" sein würde, wenn ich ihr von meinem Problem mit dem Fuß erzählte. Sie würde sich nämlich eine Pinzette nehmen und mich gnadenlos eine Sekunde lang leiden lassen, während sie den Splitter entfernte! Ich wollte nicht einmal diese Sekunde lang leiden. Statt dessen litt ich tagelang und versuchte dabei, mich so zu verhalten, als sei alles in Ordnung.

Manche Christen leben ganz genauso. Sie sagen: „Bei mir ist schon alles in Ordnung, Herr. Mir geht es gut. Nur ein bisschen Sünde hier und da, aber nichts Drastisches." Und dennoch hinken sie die ganze Zeit auf beiden Beinen. Manche Menschen im Reich Gottes sagen: „Herr, ich bin zu 95 % heilig. Es ist doch nur ein Splitter, nur eine kleine Entzündung. Ich kann damit leben." Aber der Heilige Geist will Ihre Aufmerksamkeit erregen, er möchte Sie mit Seiner Liebe ergreifen und die Sünde aus Ihrem Leben herausreißen.

Viele Christen hinken so Jahre lang durch ihr Leben, auch Männer, die im Dienst stehen. Sie sagen sich: Ich bin ein Diener Gottes, aber ich habe da ein kleines Problem mit Pornografie. Wissen Sie, was Gott mit Pornografie tun will? Er will Seine Pinzette nehmen und sie für immer aus Ihren Augen und Ihrer Seele entfernen, damit Ihre Augen wieder mit der Reinheit Jesu leuchten können.

Nachdem ich einige Tage mit dem Splitter in meinem Fuß herumgelaufen war, entzündete er sich schließlich. Da entdeckte meine Mutter endlich, dass hier ein ernstes Problem bestand. Sie sagte: „Kind, komm her." Sie setzte mich auf einen Stuhl und entfernte den Splitter, ganz ohne jegliche Betäubung. Innerhalb weniger Stunden konnte ich den Unterschied bereits spüren und konnte auch wieder besser laufen.

Genauso steht der Herr an Ihrer Seite und wartet noch sehnsüchtiger darauf, die Splitter aus Ihrem Herzen zu entfernen. Viele von Ihnen haben Splitter ertragen, die Sie gar nicht ertragen müssen. Manche sagen jetzt vielleicht: „O, das liegt an meinem Charakter. Weißt du, Sergio, ich bin einfach eine depressive Person. Mein Großvater war depressiv, meine Tante war depressiv, mein Nachbar ist depressiv, da muss ich doch einfach depressiv sein." Sie hinken, weil Sie den Splitter der Depression in Ihrem Herzen haben. Geben Sie Ihre Depression dem Herrn.

Depression ist nicht Teil des Evangeliums

Ich erinnere mich noch an meine Jahre der Depressionen. Das war meine Wüste. Ich stand im Dienst, lehrte und predigte das Wort Gottes. Wenn ich eine Predigt beendet hatte und auch einige Ergebnisse sah, dann konnte ich es dennoch nie erwarten, wieder in mein Zimmer zu gelangen, wo ich allein sein konnte. Bisweilen weinte ich und wusste noch nicht einmal, warum. Ich war melancholisch. Wer von Ihnen durch die gleichen Erlebnisse gegangen ist, weiß, wovon ich spreche. Aber wissen Sie, was mein Problem war? Ich dachte, die Depression gehöre einfach dazu.

Ich hatte es akzeptiert depressiv zu sein, bis der Herr mir darüber Autorität gab. Ich hängte in meinem Zimmer an der Universität ein Schild mit der Aufschrift auf: „Im Namen Jesu weise ich die Depression aus meinem Leben." Wenn dann Freunde in mein Zimmer kamen, sagten sie: „Mann, das ist ja ein starker Satz." Es war mir etwas peinlich, wenn sie das Schild lasen. Denn eigentlich wollte ich, dass die Dämonen es lesen sollten!

Meine Geschwister, ich möchte Ihren Glauben stärken und Ihnen heute sagen, dass der Herr mich vollständig von Depressionen geheilt hat. Er gab mir einen Dienst an denen, die Depressionen haben, auch für Diener Gottes, die unter dieser Geißel leiden.

Ich habe Menschen sagen hören: „Bruder, Depressionen sind keine Sünde; das ist einfach eine Krankheit." Nun, dann beten Sie für Heilung. Das Problem entsteht dann, wenn wir sagen: „Depression, nachdem ich dich nicht überwinden kann, müssen du und ich gute Freunde werden. Ich trinke keinen Alkohol, aber du wirst mein Laster sein. Wir werden den Rest meines Lebens zusammen verbringen." Heißen Sie die Depression in Ihrem Leben nicht auch noch willkommen. Heißen Sie Selbstmitleid und Melancholie nicht auch noch willkommen. Der Herr will Sie heilen, damit Er Sie gebrauchen kann.

Kapitel 7

Selbstbeobachtung und der Ruf zur Umkehr

Die Mediziner gebrauchen das einflussreiche Instrument der Massenaufklärung, um uns dabei zu helfen, gewisse Krankheiten in ihrem Anfangsstadium zu erkennen. Zuerst klären uns die Ärzte über verschiedene Risiken und Anzeichen der Krankheit auf, wie z. B. im Fall von Krebs, und dann zeigen sie uns Techniken der Selbstbeobachtung. Dieses Vorgehen hat schon viele Leben gerettet, weil es den normalen Menschen wirksame Mittel an die Hand gibt. In der Folge können wir die Symptome oft selbst erkennen und die Krankheit rechtzeitig entdecken, damit etwas dagegen unternommen werden kann.

Diese Methoden, um eine Krankheit zu entdecken, heißen Diagnose-Instrumente. Und genau das möchte ich jetzt gerne im geistlichen Bereich tun: Ich möchte bei Ihnen eine Diagnose-Untersuchung an Herz und Sinn durchführen. Bitte nehmen Sie sich ein paar Minuten Zeit, um Ihr eigenes Leben zu untersuchen. Das ist ein Ruf an alle Christen, die in Sünde leben. Wenn es Ihnen gut geht und die Heiligkeit Gottes in Ihrem Leben regiert, dann freuen Sie sich im Herrn. Aber dieses Gebet ist für Brüder und Schwestern, die in Sünde gefangen sind. Vielleicht meinen Sie es ja ernst und sehnen sich nach Erweckung, und Sie beten, dass die Herrlichkeit Gottes in Ihrer Stadt fällt. Aber bevor Gott Ihre Stadt gewinnen kann, möchte er Ihr Herz gewinnen.

Kommen Sie so wie Sie sind

Lassen Sie den Heiligen Geist jetzt Sein Werk an Ihrem Herzen tun. Einige von Ihnen sind von vielen Dingen abgelenkt worden, aber der Herr möchte nur eines von Ihnen. Wenn Sie es wagen, ihm bedingungslos 100 % Ihres Lebens zu geben, dann wird der Herr von diesem Moment an die Herrschaft übernehmen. Er sagt nicht: „Ändere deine Gewohnheiten und komm dann zu mir." Er sagt: „So wie du bist, komm doch." Er ist ein Gott der Barmherzigkeit. Dieser alte

Choral, den wir für die Verlorenen gesungen haben, kann heute für alle Christen gesungen werden, die von Sünde gebunden sind:

> Hier bin ich, da spricht nichts für mich, doch Dein Blut floss für mich. Und Du rufst mich nun zu Dir. O, Lamm Gottes, hier komm ich, hier komm ich. („Just As I Am", Charlotte Elliott, 1836)

Manche Menschen sagen: „Pastor, ich würde das ja ganz gerne glauben, aber ich bin mir nicht sicher, ob ich das kann." In 1. Korinther 1,30 heißt es, dass „Christus Jesus... uns gemacht ist zur Weisheit und zur Gerechtigkeit und zur Heiligung und zur Erlösung." Reinheit kommt durch den Glauben. Wir werden rein, wenn wir die Füße Jesu umfassen und Er uns Seine Heiligkeit gibt. Reinheit ist nicht gleich Selbstdisziplin (auch wenn sie Selbstdisziplin einschließt), sondern sie ist ein Wunder vom Himmel. Wir werden verändert, wenn die Augen Jesu in unsere Augen und Herzen blicken, und wenn Er beginnt, all die Sünde fortzuschaffen, die noch in uns übrig ist. Jesus wird Ihnen in dem Maße mehr von Seiner Reinheit geben, in dem Sie mehr von Ihm selbst empfangen!

Manche von Ihnen tun bereits seit Jahren über ihre Sünde Buße und Sie möchten hier einwenden: „Wie kann ich immer wieder für das Gleiche Buße tun? Lieber sündige ich weiter, als immer Buße zu tun und dann doch wieder zu sündigen." Bitte geben Sie die Hoffnung nicht auf, meine Geschwister. Der Herr wird Ihnen nicht nur vergeben, sondern Er wird Ihnen Macht geben über die Sünde. Ich bete, dass Sie genau jetzt einen heiligen und gesalbten Zorn auf die Sünde in Ihrem Leben empfangen.

> „Vater, ich bete für all die, die mit der Sünde und mit dem Feind einen Bund geschlossen haben, dass sie alle Sünde aus ihrem Leben vertreiben. Manche von Ihnen sagen vielleicht: 'Ich wünsche, ich könnte Gottes Genehmigung für Ehebruch bekommen.' Sie sind in Ihren Gefühlen und Ihrer Zuneigung gefangen und verstrickt. Andere würden mir am liebsten entgegnen: 'Ich wider-

stehe der Sünde, aber mein Herz ist dennoch an einem anderen Ort.' Ich bete jetzt, dass der Herr Ihnen einen heiligen Zorn auf die Sünde gibt!"

Die Bibel sagt in Psalm 119, 128:

> Darum halte ich alle deine Befehle für recht, ich hasse alle falschen Wege.

Das ist das Wort des Herrn für Sie!

Schämen Sie sich nicht, Buße zu tun

Alle unter Ihnen, die gerade in Sünde verstrickt sind, vergessen Sie jetzt bitte alles andere um sich her. Die Zeit kommt, wo Sie sich vor Gott verantworten müssen (vgl. Römer 14,10-12). Als Jesus Christus am Kreuz starb, tat Er es nicht für sich, ganz privat und abgeschieden. Er hat sich nicht geschämt, uns vor dem Vater zu bekennen. Warum sollten wir uns fürchten, schämen oder peinlich berührt sein, vor dem allmächtigen Gott Buße zu tun? Lassen Sie den Herrn jetzt zu Ihrem Herzen sprechen und Ihnen die Bereiche zeigen, die Er verändern möchte. Rufen Sie sich jetzt, während Sie sich die Zeit nehmen, sich selbst zu überprüfen, die lange Strecke ins Gedächtnis, die der Herr Jesus bis nach Golgatha gehen musste. Er starb für Sie und für mich in der Blüte seiner Jahre, im Alter von dreiunddreißig Jahren.

Einige Monate, nachdem ich dieses kostbare Feuer Gottes empfangen hatte, kehrte ich zu der Erweckung in Brownsville zurück und freute mich sehr, als viele Menschen nach vorne kamen, um Buße zu tun und ihr Leben zu erneuern. Ich saß an meinem Platz, als der Heilige Geist mich drängte, ebenfalls nach vorne zu gehen. Ich erwiderte: „Aber Herr, ich habe doch eben erst meinen Freunden, die hier bei mir sitzen, Zeugnis gegeben, wie du mir Kraft gegeben hast, und jetzt werden sie sehen, wie ich Buße tue. Ich werde aussehen wie ein Heuchler."

Aber ich war dem Heiligen Geist gehorsam und ging nach vorne. Während ich mich niederkniete, offenbarte mir der Heilige Geist den einen Götzen, der noch in meinem Leben übrig war. Er sprach weiter zu mir und sagte: „Deine Liebe für deine Kinder ist so stark, dass du sogar bereit bist, mich an die zweite Stelle zu setzen." Ich kniete nieder und tat Buße für die Sünde des Götzendienstes, und ich empfing Vergebung.

Handeln Sie jetzt

Nehmen Sie sich einen Moment Zeit, um niederzuknien, und fangen Sie an, Ihrem Herrn zu erzählen, was in Ihrem Leben alles nicht in Ordnung ist. Sie müssen Ihr Leben als Christ nicht länger mit einem hinkenden Bein verbringen. Gestatten Sie ihm, den Splitter aus Ihrem Herzen zu entfernen. So wie es in Sacharja 3,9 steht, kann der Herr die Sünde Seines Volkes an einem einzigen Tag wegnehmen. Der Herr ist hier, und er kann Heiligkeit über Ihrem Leben ausgießen.

Es ist völlig legitim, über Ihre Sünde zu weinen. Lassen Sie den Herrn Ihr Herz über Ihre Sünde zerbrechen. Lassen Sie sich vom Heiligen Geist das Ausmaß Ihrer Verfehlung zeigen. Für einige ist es bereits ein gewaltiger Schritt des Glaubens sich niederzuknien. Wir müssen die Verheißungen unseres Herrn glauben. Jesus ist derjenige, der tauft. Er wird uns mit dem Heiligen Geist und mit Feuer taufen. Er wird uns Seine Heiligkeit geben, aber wir müssen Buße tun und bekennen. Es gibt keine Erweckung ohne Buße und ohne Reinigung der Gemeinde. Kommen Sie zu Jesus; Er liebt Sie. Wo es möglich ist, knien Sie nieder und fangen Sie an zu beten.

Wenn Sie sich schmutzig und dreckig fühlen, dann fragen Sie sich jetzt vielleicht: „Wie kann sich der Herr überhaupt noch mit mir abgeben?" Der Herr ist ein Spezialist für Menschen wie Sie. Er liebt Sie. Wir alle haben die Herrlichkeit Gottes verfehlt (vgl. Römer 3,23). Der Herr starb genau aus diesem Grund, damit Sie nicht für Ihre Sünde sterben müssen. Kommen Sie einfach zu Ihm und empfangen Sie Seine Vergebung.

Das Einzige, was Sie jetzt noch davon abhalten kann, mit Ihrer Sünde zu Jesus zu kommen, ist entweder Stolz oder Scham. Legen Sie das jetzt ab und kommen Sie. Der Herr spricht jedem Seine Einladung aus, der sich Seiner Reinheit oder Rettung nicht sicher ist, jetzt zu Ihm zu kommen. Wenn Sie sagen: „Ich bin mir nicht sicher, ob auch wirklich alle meine Sünden vergeben sind," dann kommen Sie jetzt zu Jesus. Wenn Sie zweifeln, dann bezweifeln Sie Ihre Zweifel und glauben Sie Ihrem Glauben. Kommen Sie mit all Ihren Lasten und Ihrer Traurigkeit zu Ihm. Kommen Sie auch mit Ihren Gemeindeproblemen, die Sie in der Vergangenheit belastet haben. Legen Sie alles zu Seinen Füßen nieder.

Erlauben Sie dem Herrn, Sie heute frei zu machen!

Manche könnten jetzt erwidern: „Pastor, ich tue schon seit 25 Jahren für dieselbe Sünde Buße." Ich sage Ihnen: „Kommen Sie und tun Sie noch einmal Buße!"

> Psalm 34,8
> Schmecket und sehet, wie freundlich der Herr ist.

Wenn Sie in Pornografie, Drogen oder Alkohol gebunden sind, dann kommen Sie zu Jesus. Wenn Sie in Hass, Kritiksucht oder Streitigkeiten gefangen sind, dann kommen Sie, und der Herr wird Sie frei machen.

Ein Bruder aus Europa kam einmal zu mir und sagte: „Pastor, ich habe eine wunderschöne Frau und drei wunderbare Kinder, aber meine Ehe geht daran zu Grunde, dass ich an Pornografie gebunden bin."

Ich spürte sofort, wie die Barmherzigkeit Gottes über mich kam. Alles, was ich tat, war ihn zu umarmen, und ich sagte: „Der Herr hat es bereits vollbracht." In seinem Bekenntnis wurde er frei gemacht. Die Kraft Gottes hatte ihn frei gemacht. Bekennen Sie dem Herrn Ihre Not, und erlauben Sie ihm, Sie heute frei zu machen!

Dinge beim Namen nennen

Wenn Sie erst einmal für Ihre eigenen Sünden Buße getan haben, dann möchten Sie vielleicht auch stellvertretend für Ihre Stadt oder Nation Buße tun. In Fort Worth, Texas, wurde das folgende Gebet bei einem nationalen Gebetstag gebetet:

„Herr, vergib uns, dass wir immer politisch korrekt, und nicht biblisch und moralisch korrekt waren. Herr, vergib uns die Gewalt in unseren Häusern, auf unseren Straßen und in unseren Schulen. Herr, sei uns gnädig und vergib uns unseren Rassismus, Sexismus und unsere Intoleranz. Vater, vergib uns die Abtreibungen, Pornografie und Kindesmissbrauch. Reinige dein Volk, Herr. Reinige die Gemeinde, und dann reinige diese Nation. Vergib uns, dass wir von einem alternativen Lebensstil gesprochen haben, statt von einem unmoralischen Lebensstil. Vergib uns, dass wir von Safe Sex gesprochen haben, statt von verbotenem Sex.

Vergib denen, die Allversöhnung predigen, statt Vergebung für alle, die Buße tun. Vergib uns unsere Furcht vor Verantwortung und Rechenschaft, während wir immer auf unseren Rechten bestehen.

Vergib uns, Herr, für unsere Umweltverschmutzung, nicht nur im natürlichen Bereich, sondern auch im moralischen Bereich.

Sei uns gnädig, Herr."

Gebet nach Psalm 51

Wir müssen unsere Sünden nicht verbergen. Wir können sie bekennen, denn er ist „treu und gerecht, dass er die Sünden vergibt und reinigt uns von aller Ungerechtigkeit" (1. Johannes 1,9). Bitte beten Sie das nachfolgende Gebet mit der ganzen Kraft Ihres Herzens. Sie müssen mit Glauben beten, und auch wirklich glauben, dass Sie heute neues Land betreten.

Es ist eine Ruhe für das Volk Gottes vorhanden; heute können Sie in diese Ruhe hineinkommen. So wie der Vater dieses Gebet der Umkehr empfängt, wird er Ihre Trauer in Freude verwandeln. Während einige von Ihnen dieses Gebet beten, werden Sie sogar von Krankheiten geheilt werden. Sowie der Herr das Herz Seiner Gemeinde heilt, werden viele von Ihnen körperliche Heilung empfangen. Beten Sie dieses Gebet jetzt (es ist eine Abwandlung von Psalm 51); es wird im Himmel gehört werden und sein Echo bis in die Hölle werfen:

„Vater Gott, ich erkenne, dass ich dich brauche. Ich habe gesündigt und bitte dich um Vergebung.
Ich erkenne, dass Jesus den Preis am Kreuz von Golgatha bezahlt hat; deswegen, Herr, vergib mir alle meine Sünden. Herr, ich bitte dich, dass du heute mein Leben veränderst. Von heute an möchte ich so leben, wie Jesus gelebt hat. Ich möchte so sein, wie Jesus; ich möchte den Sinn Christi haben. Ich möchte in der Kraft des Heiligen Geistes leben. Sei mir gnädig, o Gott, nach deiner unfehlbaren Liebe; nach deiner großen Barmherzigkeit, tilge alle meine Verfehlungen.
Wasche mich rein von meiner Missetat und reinige mich von meiner Sünde, denn ich erkenne meine Missetat, und meine Sünde ist immer vor mir. An dir allein habe ich gesündigt, und übel vor dir getan. Siehe, dir gefällt Wahrheit, die im Verborgenen liegt, und im Geheimen tust du mir Weisheit kund.
Entsündige mich mit Ysop, dass ich rein werde, wasche mich, dass ich schneeweiß werde. Lass mich hören Freude und Wonne, dass die Gebeine fröhlich werden, die du zerschlagen hast.
Verbirg dein Antlitz vor meinen Sünden, und tilge alle meine Missetat. Schaffe in mir, Gott, ein reines Herz, und gib mir einen neuen, beständigen Geist. Verwirf mich nicht von deinem Angesicht, und nimm deinen Heiligen Geist nicht von mir. Erfreue mich wieder mit deiner Hilfe, und mit einem willigen Geist rüste mich aus. Amen!"

Und nun danken Sie ihm:

Danke Herr, dass du mich so sehr geliebt hast. Danke für deine Vergebung; ich empfange deine Vergebung. Ich kann mit nichts für deine Vergebung bezahlen. Danke für Jesus, der den Preis bezahlt hat. Jetzt empfange ich deine Vergebung, Herr Jesus. Und jetzt empfange ich die Reinheit Jesu Christi in meinem Leben.

Wenn Sie nur begreifen könnten, wie sehr der Herr Sie liebt. Jesus kommt jetzt zu Ihnen in den Raum, um Sie in die Arme zu schließen, so wie der Vater den verlorenen Sohn umarmte (vgl. Lukas

15,20). Sie werden nicht länger von Ihrem Versagen gequält werden. Selbst in Ihrem Versagen werden Sie Jesus Christus verherrlichen, und Gott wird in Ihrem Leben den Sieg wirken.

Wenn Sie die Taufe mit dem Heiligen Geist und mit Feuer wollen, dann hat der Herr Ihnen bereits die Zusage dafür gegeben! Wollen Sie das? Er wird sie Ihnen geben. Wir Menschen sind nun wirklich nicht so besonders gut, und trotzdem werden wir, wenn uns unsere Kinder um Brot bitten, ihnen keinen Stein an den Kopf werfen. Wir lieben sie, und wir geben ihnen, was sie brauchen. Und wie viel mehr wird unser himmlischer Vater denen den Heiligen Geist und Feuer geben, die ihn darum bitten. Manche von Ihnen brauchen noch eine Taufe mit Vertrauen, um wirklich glauben zu können, dass dies möglich ist. Beten Sie einfach das, was der Vater des Jungen mit dem bösen Geist in Markus 9, 24 sagte: „Ich glaube; hilf meinem Unglauben!"

Drei Bestandteile des Feuers: Reinheit, Kraft und Leidenschaft

Bevor das Feuer Gottes in mein Leben kam, befand ich mich auch in einem ständigen Kampf gegen die Sünde, und es waren zähe Kämpfe. Als das Feuer der Heiligkeit auf mich kam, bemerkte ich, wie die Kämpfe kürzer wurden. Das Feuer der Reinheit kommt und gibt Ihnen Autorität über Sünde. Das Feuer des Heiligen Geistes hat drei Bestandteile: Reinheit, Kraft gegen die Sünde und Satan, und eine Leidenschaft für Gott und die Verlorenen.

Ich war immer jemand, der den Verlorenen über die Rettung Gottes Zeugnis gab. Aber nachdem das Feuer in mein Leben gekommen war, begann ich, Zeugnis zu geben, wie noch nie zuvor. Wie viele von Ihnen reisen gelegentlich in einem Flugzeug? Sie haben dort ein wunderbares Evangelisationsfeld, weil die Leute aus dem Flugzeug nicht aussteigen können! Sie können ihnen predigen, und sie werden zuhören.

Nachdem ich diese Feuertaufe erhalten hatte, war der erste, dem ich Zeugnis gab, ein 19-jähriger Mann in einem Flugzeug. Wissen Sie, ich kenne die vier geistlichen Gesetze und andere wunderbare Werkzeuge, mit denen Christen Zeugnis geben. Aber als ich diesen jungen Mann betrachtete und meinen Mund öffnete, übernahm der Heilige Geist die Kontrolle. Ich sagte: „Wissen Sie, was der Herr für mich getan hat? Sechs Tage zitterte ich unter der Gegenwart des allmächtigen Gottes!" Ich hatte seine volle Aufmerksamkeit!

Ich konnte sofort Tränen in seinen Augen sehen; dabei verstand ich gar nicht, warum. Ich sagte mir: „Das ist die schlechteste Methode zu evangelisieren, die ich jemals gebraucht habe!" Bisweilen sagt der Heilige Geist: „Prediger, mach mal einen Schritt zur Seite. Ich möchte jetzt mit dem Menschen reden!" Der junge Mann war von der Botschaft des Evangeliums tief berührt. Ein anderer junger Mann, mit dem ich in einem Flugzeug redete, nahm Jesus sofort in sein Leben auf.

Lassen Sie sich von der Kraft Gottes gebrauchen! Lassen Sie den Heiligen Geist Ihr Leben regieren. In Apostelgeschichte 1, 8 lesen wir die Worte Jesu an die Apostel:

> Ihr werdet die Kraft des Heiligen Geistes empfangen, der auf euch kommen wird, und werdet meine Zeugen sein in (Ihrer Stadt) und in (Ihrem Land) und in (Ihrer Nation) und bis an das Ende der Erde.

Diese Taufe mit dem Heiligen Geist ist keine Kannbestimmung; sie ist lebensnotwendig. Die Bibel befiehlt uns, mit dem Heiligen Geist „erfüllt" zu sein (Epheser 5,18). Den Heiligen Geist innewohnend zu haben und von Ihm ausgefüllt zu sein, sind zwei unterschiedliche Dinge. Es ist ein Unterschied, ob in einem Zimmer des Hauses Musik gespielt wird, oder ob das ganze Haus von Musik erfüllt ist, so dass die Nachbarn und Passanten es hören können. Sie können ein Licht in Ihrem Schlafzimmer brennen haben, oder das ganze Haus innen und außen erleuchten, bis Ihr ganzes Grundstück lichtüberflutet ist. Sie können einen Besucher im Gästezimmer Ihres Hauses unterbringen, oder Sie können den Gast willkommen heißen und ihm das gesamte Haus zur Verfügung stellen. Und ebenso können Sie den Geist „haben" oder Sie können „erfüllt sein" mit dem Geist.

Manche Menschen machen sich Gedanken, ob denn das Feuer auch zum richtigen Zeitpunkt in ihrem Leben fällt. Ich kann Ihnen sagen, dass dieses Feuer in meinem Leben zum „falschen" Zeitpunkt kam. Ich war nicht bereit dafür. Ich hatte noch so viele Dinge zu tun. Ich bete, dass der Herr Ihre Zeitvorstellungen durchbricht, Ihren Zeitplan durcheinander wirft und Sie einfach entführt!

Kapitel 8

Falsche Bekehrungen und das Feuer Gottes

Als ich mich vor kurzer Zeit auf einer Reise nach New York befand, war ich mit dem Taxi unterwegs und begann, John, dem 21-jährigen Taxifahrer, von Jesus zu erzählen. Er erzählte mir, dass er sein Zuhause verlassen hatte, weil seine Mutter Drogen nahm. Nun war er auf der Suche nach einem besseren Leben. Ich fragte ihn: „John, bist du wiedergeboren?"
„Ja," sagte er.
„Bist du sicher, dass du gerettet bist?" entgegnete ich.
Wieder war seine Antwort: „Ja, ich gehe in die und die Gemeinde."

Ich redete noch eine Weile mit ihm über andere Bereiche seines Lebens, und dann sagte er mir: „Ich lebe mit einer Frau zusammen. Sie ist nicht meine Frau, aber wir wünschen uns ein Baby."

Jetzt hatte ich einen weiteren Zugangspunkt zu seinem Leben. Ich sagte: „John, das ist nicht der Weg Gottes. Der Weg Gottes ist ein Weg des Gehorsams gegenüber dem Wort Gottes." So begann ich, ihm das Evangelium zu erklären, und er begriff allmählich, worum es ging. Ich sagte ihm: „Sex ist nur für Ehepaare vorgesehen, doch du lebst mit dieser Frau, ohne dich durch ein Eheversprechen ihr gegenüber festgelegt zu haben. Ihr wünscht euch ein Baby; aber wie soll Gott dieses Baby segnen, wenn ihr nicht Seinen Segen für eure Ehe empfangt?"

Des Himmels sicher?

Ich erkannte, dass dieser junge Mann überzeugt war, gerettet zu sein, aber er hatte nichts vom Evangelium verstanden und darüber hinaus gab es Süchte und Bindungen in seinem Leben.

Zuerst war ich beeindruckt von der Sicherheit mit der mir dieser junge Mann geantwortet hatte. Ich war etwas eingeschüchtert und hatte mich bereits gefragt, ob ich ihm überhaupt von der Guten Nachricht erzählen sollte. Dann war ich erstaunt, wie offenkundig es war, dass er den Herrn Jesus Christus nicht wirklich kannte. Aber ich bin dankbar, dass ich ihm schließlich doch noch das Wort Gottes weitergeben konnte.

Unsere Welt ist voll von Menschen, die sagen: „Erzähle mir nichts von Jesus; ich habe bereits meine Religion." Aber ich frage gar nicht danach, ob Sie eine Religion haben, sondern ob Sie Jesus haben. Sind Sie wiedergeboren? Vielleicht antworten Sie: „O ja, ich bin schon seit zwanzig Jahren ein evangelikaler Christ." Na und, was bedeutet das schon? Wissen Sie, wie viele Evangelikale in die Hölle gehen werden? Ich glaube, es wird in der Hölle eine ganze Wohngegend mit lauter Evangelikalen geben; mit Menschen, die von sich dachten, etwas zu sein, das sie gar nicht waren.[1]

Ich weiß, dass diese Botschaft vielen von Ihnen keinen Frieden bringen wird. Doch ich bitte Sie, dem Heiligen Geist einfach zu gestatten, dass Er durch Sein Wort das Skalpell ergreifen darf. In den Händen des Meisters ist ein Skalpell kein Dolch, sondern ein Heilmittel, das jegliche geistliche Infektion ausräumt und uns vollständig heilt.

Gott weiß alles über Sie – über jeden von uns. Er weiß alles über das Leben von John, und ich weiß, dass der Heilige Geist in ihm arbeitet. Gott hatte für John eine Tür geöffnet und deshalb verstand dieser, dass er über seine Religiösität hinaus Buße tun und zu den Wegen der Gebote Gottes zurückkehren musste.

Aber wie steht es mit Ihnen, lieber Leser? Wie steht es heute mit Ihrem Leben? Wissen Sie, dass Charles Finney bereits vor zweihundert Jahren über das gleiche Thema der falschen Bekehrungen gepredigt hat? Ich habe entdeckt, dass auch Finney sich mit den Menschen beschäftigte, die meinten, in den Himmel zu kommen und zu Gott zu gehören. Aber wie zu den Zeiten Finneys gibt es auch

---

[1] Ich weiß, dass es hier nun einige geben wird, die ganz genau von mir wissen wollen, wie viel Sünde uns aus dem Himmel ausschließt. Da kann ich nur das folgende antworten: Wenn sich jemand einer Sünde bewusst ist und weder bereit ist, diese zu bekennen noch sein Verhalten zu ändern, kann eine solche Sünde – sei sie groß oder klein – das gesamte Leben dieser Person verunreinigen. "Wisst ihr nicht, dass ein wenig Sauerteig den ganzen Teig durchsäuert?" (1. Korinther 5, 6). Sie könnte das Symptom einer bereits bestehenden inneren Rebellion gegen Gott sein. Nicht die Menge der Sünde wird die Waagschale neigen, sondern die Haltung gegenüber dieser Sünde und gegenüber Christus.

heute Menschen in der Gemeinde, die nicht auf den Himmel zugehen. Vielmehr sind sie einer falschen Hoffnung gefolgt.

Gnade deckt keine Sünde ab, die nicht bekannt wurde

Bart Pierce, ein Pastor aus Baltimore, gab mir ein Buch von Charles Finney mit dem Titel „Power from on High" (Whitaker House, 1996).[2] Auf Seite 70 schreibt Finney: „Es war kein Zufall, dass das Gesetz der Gnade vorausging." Das bedeutet, dass das Gesetz Gottes, Seine Gebote, den Weg für das Evangelium bereiteten. Wenn es nun jemand vermeidet, das Gesetz zu betrachten, vermeidet er die Unterweisung für seine Seele, und er möchte das Evangelium der Gnade direkt empfangen. Ohne Buße schafft sich der Mensch aber eine falsche Hoffnung und falsche Regeln für sein Leben als Christ. Dazu heißt es in Jakobus 2, 17: „So ist auch der Glaube, wenn er nicht Werke hat, tot in sich selber." Wenn wir die Gnade annehmen, aber niemals unseren eigenen Willen und unser Leben Gott übergeben; wenn wir weiterhin in Freizügigkeit und Fleischlichkeit leben, wie können wir uns dann wahrhaft bekehrt haben? Dieses fehlerhafte Glaubenssystem füllt unsere Gemeinden mit falschen Bekehrungen.

Mitdiener am Evangelium, wir müssen die Menschen zu Christus führen und sie lehren, dass sie einen Retter brauchen und nicht nur einen Segen.

Mehr als 90 % der Einwohner Argentiniens behaupten Anhänger der einen oder anderen christlichen Denomination zu sein; die meisten davon gehören zur katholischen Kirche. Wir können aber nicht beobachten, dass unser Land deshalb nach den Maßstäben des Reiches Gottes handeln würde. Dieselben Menschen, die auf die Bibel schwören, widersprechen sehr oft dem gleichen Wort, auf das sie den Eid geleistet haben.

Jesus erklärt dieses Rätsel mit dem Gleichnis vom Unkraut (vgl. Matthäus 13,24–30 u. 36–43). Wir wissen, dass Gott den Weizen noch nicht vom Unkraut trennt. Die Bibel sagt, dass der Weizen und das Unkraut – sowohl die, die sich wirklich bekehrt haben als auch,

---

[2] Kraft aus der Höhe (Anm. d. Übers.).

alle, die nur so aussehen, als hätten sie sich bekehrt – zusammen aufwachsen werden. Ich rede hier über diejenigen, die so aussehen, als wären sie Christen, es aber in Wirklichkeit gar nicht sind. Das Gericht Gottes ist noch nicht über uns gekommen. „Die Kinder des Bösen" (V 38) und diejenigen, die eine falsche Bekehrung erlebt haben, werden am Tag des Herrn ausgesondert und von den Gerechten getrennt werden.

Vielleicht ist es für einige etwas schwierig, diese Botschaft zu empfangen, aber das ist unbedingt notwendig. Gott sieht es lieber, dass es uns jetzt etwas ungemütlich wird, als dass es uns am Tag des Jüngsten Gerichts ungemütlich ist. Es ist besser, sich jetzt der Unbequemlichkeit auszusetzen, wenn Gott unsere Seelen anrührt und uns zur Buße ruft. Es wäre unvergleichlich schlimmer am Tag des Herrn Unbequemlichkeit zu leiden und in die Hölle geschickt zu werden.

Gott ist gerecht, und Er lässt Seiner Gebote nicht spotten (vgl. Galater 6, 7). Damit das Evangelium auch wirklich das Evangelium ist, muss es eine Botschaft der Buße geben. Es braucht eine Veränderung der Herzenshaltung und des Verhaltens. Bevor Jesus Christus auf der Erde predigte, kam Johannes der Täufer und bereitete den Weg des Herrn. Er sagte: „Tut Buße, denn das Himmelreich ist nahe herbeigekommen" (Matthäus 3, 2). Genauso spricht der Herr zu uns heute nicht nur in Liebe, sondern auch in Strenge (vgl. Matthäus 4, 17).

Echte gegen falsche Bekehrung

Was bedeutet „Bekehrung"? Es bedeutet eine komplette Änderung der Lebensausrichtung. Vor unserer Bekehrung gingen wir unseren eigenen Weg, taten, was wir für das Beste hielten. Wir regierten unser eigenes Leben, ob es Gott nun gefiel oder nicht. Aber wenn sich jemand bekehrt, dann ändert sich sein Weg, er wechselt (geistlich gesehen) die Adresse, und kehrt zu Jesus Christus zurück. Es geht hier nicht nur um eine Veränderung des Herzens. Es geht nicht nur um eine Veränderung der Gefühle. Es ist eine Änderung des gesamten Handelns – wie wir mit unseren Finanzen umgehen, mit unseren

Nachbarn reden, unsere Angestellten behandeln und so weiter. Es ist eine vollständige Veränderung; sie ist radikal und durchschlagend.

Lassen Sie uns einmal das Gleichnis der zehn Jungfrauen betrachten. Dieses Gleichnis wird jedem von uns helfen zu erkennen, ob wir wahrhaft bekehrt sind oder nur eine falsche Bekehrung erlebt haben. Dieses Wort gilt für alle:

> Matthäus 25,1–13,
> Dann wird das Himmelreich gleichen zehn Jungfrauen, die ihre Lampen nahmen und gingen hinaus, dem Bräutigam entgegen. Aber fünf von ihnen waren töricht, und fünf waren klug. Die Törichten nahmen ihre Lampen, aber sie nahmen kein Öl mit. Die Klugen aber nahmen Öl mit in ihrem Gefäßen, samt ihren Lampen. Als nun der Bräutigam lange ausblieb, wurden sie alle schläfrig und schliefen ein. Um Mitternacht aber erhob sich lautes Rufen: Siehe, der Bräutigam kommt! Geht hinaus, ihm entgegen!
> Da standen die Jungfrauen alle auf und machten ihre Lampen fertig. Die Törichten aber sprachen zu den Klugen: Gebt uns von eurem Öl, denn unsere Lampen verlöschen.
> Da antworteten die Klugen und sprachen: Nein, sonst würde es für uns und euch nicht genug sein; geht aber zum Kaufmann und kauft für euch selbst.
> Und als sie hingingen zu kaufen, kam der Bräutigam; und die bereit waren, gingen mit ihm hinein zur Hochzeit, und die Tür wurde verschlossen.
> Später kamen auch die anderen Jungfrauen und sprachen: Herr, Herr, tu uns auf!
> Er antwortete aber und sprach: Wahrlich, ich sage euch: Ich kenne euch nicht. Darum wachet! Denn ihr wisst weder Tag noch Stunde.

Die zehn Jungfrauen stehen für die Gemeinde Jesu Christi. Sie waren bereits zur Hochzeit eingeladen; ihre Namen standen schon auf der Liste. Sie kannten sich in den Dingen Gottes aus. Heute wartet der Bräutigam, Jesus Christus, darauf, dass wir bei der Hochzeit dabei sind. Aber *nicht alle von uns* sind vorbereitet. Nicht alle haben sich von ihrem treulosen, fleischlichen Leben abgewandt.

Die Bibel schreibt auch über die letzten Tage. Wir müssen beten, weil die Zeiten, die auf uns zukommen, sehr schwierig werden können. Wir, die Gemeinde, sind die Braut, und wir sollten wachen und beten. Wir können es uns nicht leisten, einzunicken und geistlich zu schlummern, während wir uns noch auf der Erde befinden. Wir müssen aufwachen – und wach bleiben! „Wach auf, der du schläfst, und steh auf von den Toten, so wird dich Christus erleuchten" (Epheser 5, 14).

In Römer 14,10-11 heißt es, dass wir alle vor dem Richterstuhl Gottes stehen werden; dass sich jedes Knie vor dem Herrn beugen und jede Zunge Gott bekennen wird. Bemerken Sie bitte, dass es hier nicht heißt, dass sich jedes evangelikale oder jedes katholische Knie beugen wird, oder die Knie all derer, die in die Gemeinde gekommen sind. Vielmehr steht hier, dass *jedes* Knie sich beugen wird. Wenn Gott Adolf Hitler von den Toten auferwecken wird, um ihn Rechenschaft über seine Taten hier auf der Erde geben zu lassen, dann wird er sich vor dem allmächtigen Gott beugen und bekennen müssen: „Du bist der Herr!"

Die gesamte Menschheit wird sich beugen und dem König aller Könige, dem Herrn aller Herrn die Ehre geben. Er lebt in Ewigkeit! Er hat alle Macht im Himmel und auf Erden. Aber eine Zeit lang gibt der Herr dem Teufel die Erlaubnis, diejenigen in die Irre zu führen, die anderen Wegen folgen wollen. Wer in die Hölle gehen möchte, kann dies ungehindert tun. Niemand wird im Himmel sein, weil man ihn gezwungen hat. Die dann im Himmel sind, werden dort sein, weil sie Buße getan haben und die Dinge Gottes liebten.

Vielleicht sind Sie sich heute gar nicht sicher, wo Sie hingehen – nach oben oder nach unten. Ich sage Ihnen im Namen Jesu: Es gibt Rettung in Jesus Christus! Gott wird Sie in die Arme schließen, Ihnen Ihre Sünden vergeben und Ihnen die Kraft geben, den Rest Ihrer Tage in Reinheit zu leben.

Meine lieben Geschwister, die Lampen, von denen im Gleichnis der zehn Jungfrauen die Rede ist, stehen für unsere Herzen. Ich frage Sie, brennt Ihr Herz? Ist Ihre Lampe bereit?

Vor nicht allzu langer Zeit kam ich nach Baltimore, um in der Rock City Church zu dienen. Am Nachmittag, bevor ich predigen sollte, kniete ich mich in meinem Hotelzimmer nieder und sagte dem Herrn: „Ich sorge mich mehr um meine Übermüdung als um die Verlorenen. Vergib mir und gib mir eine Leidenschaft für Seelen. Bitte gib mir erneut die Tränen für die Verlorenen. Lass mich den Schmerz fühlen, das Gefühl, das Jesus für die Kranken und Geplagten hatte, als Er auf dieser Erde lebte." Der Herr ließ mich den Schmerz fühlen und später in New York, der Stadt, die ich nach Baltimore besuchte, wurde es sogar noch stärker. Es zerbrach mir das Herz.

Gleichgültigkeit oder Barmherzigkeit?

Wollen Sie, dass die Barmherzigkeit Gottes Ihre Gleichgültigkeit aufbricht und Ihr Herz mit Feuer erfüllt? Durch die Gnade Gottes haben Kathy und ich, seit wir das Feuer empfingen, Tausenden von Menschen in Asien, Europa, den Vereinigten Staaten und Latein Amerika gedient. Wissen Sie, was dabei das häufigste Gebetsanliegen war? „Pastor, bitte beten Sie für mich, ich möchte eine Leidenschaft für die Verlorenen empfangen."

Wie steht es mit Ihrem Herzen? Wie hoch ist Ihre geistliche Temperatur? Stehen Sie auf mittlerer Stufe, oder haben Sie die Flamme niedrig gedreht, oder brennt etwa nur noch die Zündflamme? Die Bibel spricht in diesem Zusammenhang von Lampen. Die zehn Jungfrauen, die hier für die Gemeinde als Ganzes stehen, hatten alle Öllampen. Aber fünf dieser Jungfrauen waren töricht; sie waren sorglos und ohne Verstand. Die Verständnislosen nahmen die Lampen der Religiosität. Scheinbar taten sie, was man von ihnen erwartete, aber sie hatten keine Salbung. Das Öl des Geistes war in ihrem Leben auf ein Minimum gesunken, und so konnten ihre Lampen auch nicht besonders lange durchhalten. Religion, ohne die Kraft Gottes, kann nicht lange überdauern.

Ist die Flamme Ihres Herzens auf ein mittleres Niveau zurückgestellt? Auf niedrig? Oder brennt nur noch die Zündflamme?

Meine Geschwister, achten Sie darauf, sich nicht auf Religion ohne die Wirkung des Heiligen Geistes zu verlassen. Junger Mensch, achte darauf, dass dein Leben von der Gegenwart Gottes durchtränkt ist. Wenn das Öl der Heiligen Geistes nicht in Ihr Herz fließt, dann sind Sie in Gefahr! Die Gemeinde befindet sich in einer Zeit großen Eifers, wie er noch nie zuvor dagewesen ist.

Ein Mann, der unsere Gemeinde bereits seit mehr als 20 Jahren besuchte, kam zu mir und sagte: „Pastor, heute habe ich mich entschieden, mein ganzes Leben Jesus zu geben." Ich bete, dass Sie nicht so lange benötigen, um diese Entscheidung zu fällen. Ich bete, falls Sie noch nicht Ihr ganzes Leben dem Herrn gegeben haben, oder falls die Flamme in Ihrem Herzen erloschen ist, dass Sie heute neu das Öl des Heiligen Geistes empfangen.

> Matthäus 25,4-5
> Die klugen aber nahmen Öl mit in ihren Gefäßen, samt ihren Lampen. Als nun der Bräutigam lange ausblieb, wurden sie alle schläfrig und schliefen ein.

Was war mit dem Bräutigam geschehen? Er „blieb lange aus". Viele Menschen denken sich: „Jetzt ist schon so viel Zeit vergangen, und Jesus ist immer noch nicht gekommen. Ich werde die Zeit nützen und so leben, wie es mir gefällt."

> Matthäus 25,5-6
> Sie wurden alle schläfrig und schliefen ein. Um Mitternacht aber erhob sich lautes Rufen.

Vielleicht wird sich heute um Mitternacht der Ruf erheben, die Trompeten werden erschallen und eine laute Stimme wird aus dem Himmel rufen: „Hier kommt der König aller Könige und der Herr aller Herren!" (siehe 1. Thessalonicher 4,16-17). Werden Sie bereit sein? Werden Sie mit dem Bräutigam hineingehen, oder werden Sie zurückgelassen werden?

Matthäus 25,6
Siehe, der Bräutigam kommt! Geht hinaus, ihm entgegen!

Die Jungfrauen, die nicht genügend Öl dabei hatten, verpassten Ihn, weil sie erst mehr Öl besorgen mussten. Sie kamen zu spät! Wie viele von Ihnen wissen, dass es ein „Zuspät" gibt? Es gibt die Zeit der Vergangenheit, die Zeit der Gegenwart, die Zeit der Zukunft und verlorene Zeit. Verlorene Zeit ist für immer vergangen; es ist vorbei. Es wird der Zeitpunkt kommen, an dem die folgende Prophetie nicht mehr gilt: „Heute ist der Tag der Errettung" (2. Korinther 6,2). Es werden dann keine Predigten mehr gehalten werden. Der Heilige Geist ruft Seine Gemeinde heute, brennend in ihrem Glauben zu sein.

Einige mögen jetzt denken: „Aber Pastor, ich bin doch schon bekehrt, vielen Dank." Mein Bruder und meine Schwester, sind Sie wirklich bekehrt? Wie kann man sich sicher sein? Hier folgen einige Merkmale, die sich bei Menschen finden, die von sich denken, gerettet zu sein, es aber in Wirklichkeit gar nicht sind.

Merkmale einer falschen Bekehrung

Der Evangelist Charles Finney erwähnt einige der folgenden Punkte in seinem Buch „Power from on High"[3]. Allein die Tatsache, dass Sie mit dem einen oder anderen dieser Punkte zu kämpfen haben, bedeutet aber noch lange nicht, dass Sie nicht wiedergeboren sind. Nur der Herr kennt Ihr Herz. Wir alle haben von Zeit zu Zeit mit einem oder mehreren dieser Anzeichen zu kämpfen. Aber wenn Sie sich einem Lebensstil verschrieben haben, der von diesen Merkmalen geradezu durchdrungen ist, dann müssen Sie den Herrn ernsthaft suchen.

[3] Kraft aus der Höhe (Anm. d. Übers.).

Widerstand gegen Überführung

Eine Person, deren Bekehrung nicht echt war, widersteht aller Überführung von Sünde. Manche Menschen richten während des Gottesdienstes ein Schutzschild auf und versuchen die ganze Predigt hindurch, sich zu verteidigen. Verteidigen Sie sich nicht länger; wenn etwas von Gott ist, dann empfangen Sie es!

Unbußfertig

Wer nicht wirklich bekehrt ist, weigert sich, seine Sünde vor den Menschen zuzugeben, gegen die er gesündigt hat. Vielleicht hat er etwas gestohlen, aber er sagt sich: „Ich werde Gott vorne am Altar um Vergebung bitten". Am folgenden Montag geht er aber dann nicht zu der betreffenden Person hin, um sich zu entschuldigen: „Hier sind die 200,00 DM die ich von Ihrem Schreibtisch genommen habe, während Sie in der Mittagspause waren." Er glaubt, bereits alles in Ordnung gebracht zu haben, weil er nach vorne zum Altar gekommen ist, aber sein Leben zeigt keinerlei Frucht der Buße. Das ist eine unechte Bekehrung.

Wenn wir alle gemeinsam im Himmel sind, wird es hoffentlich niemanden in der Hölle geben, der dann mit dem Finger auf mich zeigen und mich anklagen kann: „Pastor, warum haben Sie mir das nicht gesagt? Warum haben Sie mich nicht gewarnt, dass ich niemals in den Himmel kommen würde, wenn ich solche Dinge tue? Warum waren Sie in Ihrer Predigt nicht eindeutiger?" Ich bin sehr dankbar, dass sich heute immer mehr Prediger dafür entscheiden, sehr eindeutig zu sein, und dabei riskieren dass jemand Anstoß an ihrer Predigt nimmt und sie ihre Stellung und ihr Ansehen verlieren. Ich bitte Sie, keinen Anstoß zu nehmen, denn der Autor dieser Worte ist selbst ein Sünder, der Buße getan und durch die Gnade Jesu Vergebung empfangen hat. Wenn dem nicht so wäre, wäre ich auf dem Weg in die gleiche Hölle wie viele andere. Mein Leben wäre eine Katastrophe, genauso wie das Leben derer, die Jesus nicht aufgenommen haben.

Ich komme nicht mit einem stolzen Herzen. Ich komme mit einem ruhelosen Herzen, weil Gott in unseren Tagen sehr klar und eindeutig redet. Er liebt Sie, und genau aus diesem Grund fordert er Sie heraus, das Öl des Heiligen Geistes zu ergreifen und die Frucht der Buße hervorzubringen.

Zerbrochene Beziehungen

Menschen mit einer falschen Bekehrung weigern sich, Beziehungen wiederherzustellen, oder gegenüber ihren Feinden oder auch Menschen, die sie verletzt haben, Wiedergutmachung zu leisten.

Weder Wachen noch Warten

Wenn die Bekehrung einer Person nicht echt war, dann wacht und wartet die Person nicht, so wie es uns das Wort Gottes eindeutig befiehlt (vgl. Matthäus 25,13). Vielmehr ist sie abgelenkt und kümmert sich überhaupt nicht um ihren Zustand.

Vor einiger Zeit predigte ich auf einer großen Veranstaltung in New York. Dabei bemerkte ich, wie viele Menschen die Botschaft gar nicht aufnahmen. Es ist schon hart, wenn man predigt und bemerkt, dass nichts davon bei den Menschen ankommt. Schließlich sagte der Herr zu mir: „Hier herrscht ein Geist der Religiösität und des ‚Kirchen-Gebäudes'." Da diese Menschen normalerweise den Gottesdienst in einem Kirchen-Gebäude besuchten, dachten sie, das Gebäude würde sie retten. Sie glaubten, dass bei ihnen alles zum Besten stand.

In diesem Moment verwandelte sich die Predigt in einen Hammer. Das Wort Gottes ist wie ein Hammer und wie Feuer (vgl. Jesaja 55,11). Es schlägt immer wieder zu, und trifft stets das Ziel, bis früher oder später etwas geschieht.

Weil die Versammlung die Botschaft nicht annahm, entschied ich mich, sie nicht mehr anzuschauen. Ich dachte im Stillen: „Wenn ich sie anschaue, werde ich nur abgelenkt. Irgendetwas stimmt hier nicht". Vielleicht erwarteten die Menschen, ich würde meine Botschaft predigen und dann sagen: „Nun kommt und empfangt den ganzen Segen Gottes. Es ist ganz egal, ob ihr Buße tun wollt oder nicht. Es ist nicht so wichtig, ob ihr euer Leben ändert oder nicht. Jeder kann soviel nehmen, wie er möchte." Aber Gott hatte mir eine andere Botschaft gegeben.

Als ich die Menschen aufrief, nach vorne zu kommen, kamen von dem mit Tausenden von Besuchern gefüllten Stadion, nur zwei Leute. In den ganzen Monaten, in denen ich über das Feuer Gottes gepredigt hatte, war mir derartiges noch nicht passiert. Für gewöhnlich rennen die Menschen nach vorne zum Altar, um Buße zu tun. Ich schloss einfach meine Augen und sagte: „Herr, tu was du möchtest." Der Herr sprach zu mir: „Bestehe weiter darauf. Ich bin gerade dabei, Seelen zu retten." Er versicherte mir Seine Gegenwart und sagte, dass ich weiterhin die Menschen zur Buße nach vorne rufen sollte.

Als ich meine Augen öffnete, war der Raum vor dem Altar gefüllt und die Menschen strömten weiter herzu. Gott begann, den Menschen eine Offenbarung darüber zu geben, dass Religion nicht rettet. Eine Denomination rettet nicht. Eine Gemeinde oder Kirche zu besuchen – auch wenn dies gut ist – rettet nicht. Einzig und allein Buße und die Kraft des Blutes Jesu retten! Zu viele Menschen kommen zum Altar, um „mal schnell" Sachen in Ordnung zu bringen. Gott möchte nicht nur Ihre Sünden vergeben, Er möchte Sie vollkommen erneuern – Sie durch Seinen Heiligen Geist verändern.

Gebetslosigkeit

Menschen, die keine echte Bekehrung erlebt haben, sind oft faul und ungeduldig, wenn es darum geht, auf die Gegenwart Gottes zu warten. Sie haben keine Zeit zu beten. Sie haben keine Zeit für Gott, weil sie Ihn nicht lieben – sie lieben die Welt.

Wissen Sie, wie viele Gläubige in den Gemeinden die Welt lieb haben? Sie haben ihre erste Liebe für Gott verloren! Sie sagen dann: „Aber ich habe mich doch bekehrt. Vor zwanzig Jahren habe ich einmal meine Hand gehoben und bin nach vorne gegangen." Und, was bedeutet das schon? Wo ist das Öl? Wo ist die Flamme des Heiligen Geistes, die in ihrem Leben brennen sollte? Was ist mit dem Feuer Gottes geschehen?

Die Tiefe unseres Gebetslebens bestimmt den Grad, zu dem Gott uns gebrauchen kann. Wir müssen Zeit mit dem Herrn verbringen, beten und sein Angesicht suchen. Und während wir so Zeit mit Ihm verbringen, werden Sein Charakter, Seine Reinheit und Seine Leidenschaft in unsere Herzen und Seelen eingegraben.

Füllen Sie Ihre Lampe

Einmal kommt der Moment, an dem der Christ ohne echte Bekehrung die Furcht Gottes verliert. Das Wort Gottes hinterlässt keinen Eindruck mehr in seinem Leben. Ein solcher Mensch kann ein christliches Video sehen, eine wunderbare Botschaft hören oder an einer großartigen Konferenz teilnehmen, aber nichts kann ihn mehr erreichen. Das kommt daher, dass sein Herz innerlich ausgetrocknet ist. Für die Gemeinde Jesu, ist heute der Tag, in der Gegenwart Gottes nach Öl zu suchen. Es ist an der Zeit, zur ersten Liebe zurückzukehren. Manche denken sich hier vielleicht: „Ich bin doch schon recht gut." Das ist nicht genug! Sie müssen in völliger Reinheit leben! „Und wenn ich es nicht schaffe?" Dann fallen Sie auf Ihre Knie und bitten um Vergebung! Entweder Reinheit oder Buße!

Ich habe oft das Lied „Revival Fire Fall"[4] von Paul Baloche gesungen, als ich in den Vereinigten Staaten diente. Es ist ein wunderbares Lied über Erweckung. Aber seit das Feuer auf mein Leben fiel, kann ich es nicht mehr singen und dabei stehen bleiben. Wenn dieses Feuer auf Sie fällt, dann kommt es mit unglaublicher Kraft. Und genau das ist es, was Gott in Ihrem Leben tun möchte! Aber es wird Sie einen Preis kosten. Der Evangelist Billy Graham sagte einmal: „Die Errettung ist umsonst. Aber Jüngerschaft wird dich alles kosten, was du hast."

Sie könnten mich nun fragen: „Wie lange willst du denn das Evangelium noch so predigen?" Bis der Herr wiederkommt. Ich werde so lange weitermachen, bis die Gemeinde derart geheiligt ist, dass jeder Gläubige hinausgeht und die Kranken in den Krankenhäusern heilt, dass alle Gemeinden mit Tausenden von Menschen gefüllt sind, dass ganze Städte durch das Evangelium wiederhergestellt werden.

Es ist ein Vorrecht, der Gemeinde Jesu Christi zu dienen, aber in der Gemeinde fehlen Buße und Umkehr. Falschheit und Heuchelei

[4] Erweckungsfeuer, falle! (Anm. d. Übers.).

sind noch im Überfluss zu finden; zu viele Menschen spielen noch mit ihrem christlichen Glauben. Es ist meine Pflicht, Ihnen im Namen Jesu ein Wort der Warnung mitzugeben: Der Tag wird sehr schnell kommen, an dem Ihnen das bisschen Öl, das Sie noch übrig haben, ausgehen wird. Sie müssen die Gegenwart Gottes suchen. Sie müssen in Seine Gegenwart kommen und Buße zu Ihrer ersten Priorität machen.

Matthäus 25,13
Darum wachet! Denn ihr wisst weder Tag noch Stunde.

Offenbarung 3,11 (Elberfelder Bibel)
Ich komme bald. Halte fest, was du hast, damit niemand deinen Siegeskranz nehme.

Offenbarung 16,15 (Elberfelder Bibel)
Siehe, ich komme wie ein Dieb. Glückselig, der wacht und seine Kleider bewahrt, damit er nicht nackt umhergehe und man nicht seine Schande sehe!

Fließt das Öl des Heiligen Geistes in Ihrem Leben? Leuchten Sie? Lieben Sie Gott von ganzem Herzen? Wenn dem nicht so ist, dann hinterfragt die Bibel selbst die Echtheit Ihrer „Bekehrung".

Bisweilen hatten wir Menschen in der Seelsorge, die uns fragten: „Pastor, habe ich die eine Sünde begangen, die nicht vergeben werden kann?"

Ich antworte ihnen dann normalerweise: „Nein; denn wenn du sie begangen hättest, dann würdest du dir jetzt keine Sorgen darum machen." Wenn Sie die eine Sünde begehen, die nicht vergeben werden kann, nämlich Lästerung gegen den Heiligen Geist, dann zieht sich der Heilige Geist zurück; dann gibt es keine Überführung mehr von Sünde. Gott sei Dank, es gibt immer noch Hoffnung.

Wenn Sie ständig kritische Gedanken haben, so haben Sie es zugelassen, dass die Liebe Gottes in Ihrem Leben erkaltet ist. Es ist ganz egal, wie lange Sie schon gläubig sind; Sie müssen Buße tun. Ein Neubekehrter fragte mich eines Tages: „Ist es möglich, dass ein Mensch körperlich am Leben, aber geistlich tot ist?" Ich war sehr glücklich diese Frage zu hören, weil ich daran erkannte, dass er begonnen hatte, die Dinge in ihrer wahrhaften geistlichen Dimension zu verstehen.

Als der Vater sah, dass der verlorene Sohn zurückkehrte, war der Sohn völlig verdreckt und stank nach Schweinestall. Aber der Vater sagte nicht: „Badet ihn zuerst einmal!" Sondern er schlang seine Arme um seinen Sohn und küsste ihn (vgl. Lukas 15,20). Sind Sie ein verlorener Sohn, eine verlorene Tochter? Viele Christen sind von den Wegen des Herrn abgewichen. Versuchen Sie nicht, erst alles in Ordnung zu bringen und dann zu Jesus zu kommen. Kommen Sie so, wie Sie sind. Buße ist der erste Schritt.

Liebe Geschwister, der Geist des Herrn hat Sein Angesicht vor allen verborgen, die einen religiösen Geist haben. Manche von Ihnen, die dieses Buch lesen, sind in Ihrem Herzen kalt geworden, und Sie können die Gegenwart des Herrn in Ihrem Leben nicht mehr spüren. Wenn das für Sie zutrifft, dann nehmen Sie sich jetzt einen Moment Zeit, und tun Sie Buße über die Kälte Ihres Herzens.

Andere, die dieses Buch lesen, sind stolz und selbstgerecht. Vielleicht haben Sie nie wirklich die Kraft des Evangeliums kennengelernt. Sie verhalten sich nicht wie ein Christ, noch fürchten Sie Gott. Sie gehören zu der Gruppe, die vielleicht am schwierigsten zu retten ist. Sie wissen viel über den christlichen Glauben, und vielleicht sagen Sie sogar: „Ich habe schließlich meine Position in der Kirche oder Gemeinde. Ich besuche diese Gemeinde seit 25 Jahren." Wenn Ihre Lampe am Verlöschen ist, ist es dann noch wichtig, wie lange Sie bereits in der Gemeinde verbracht haben?

Worauf warten Sie noch, um Buße zu tun? Dass ein Engel kommt und Sie ergreift? Das wird nicht geschehen, denn der Herr respektiert Ihren Entschluss, Ihn zu suchen oder eben auch nicht. Jeder lauwarme Christ muss sich jetzt einen Moment Zeit nehmen und erneut sein Angesicht Gott zuwenden. Er hat den besten Wein bis zuletzt aufgehoben. Ihre Beziehung zu Ihm kann besser werden, als sie es je zuvor war. Zögern Sie nicht; tun Sie es heute noch.

Kapitel 9

Warnsignale für geistliche Dekadenz

Es war ein wunderschöner Frühlingsmorgen. Ich sollte am folgenden Tag eine längere Reise antreten, daher wollte ich die noch verbleibende Zeit mit meinen Kindern auskosten. Sie spielten hinten in unserem Hof, und die Sonne strahlte am Himmel. Alles war friedlich. Ich war an diesem Tag bereits zeitig erwacht und hatte etwas gebetet, und jetzt genoss ich den Tag mit unseren Jungen. Ich konnte nicht wissen, dass ganz in unserer Nähe eine tödliche Gefahr lauerte.

Nachdem wir eine Weile im Hof zusammen gespielt hatten, sagte ich zu den Jungen: „Lasst uns doch eine Radtour machen." Wir stiegen also alle auf unsere Räder und drehten eine nette Runde. Nach der Rückkehr von unserer Fahrt hielten sich die Kinder wieder im Hof auf, wo sie in der Nähe eines kleinen Planschbeckens spielten, das wir jedes Jahr aufstellten, sobald das Wetter wärmer wurde. Als die Kinder genug gespielt hatten, gingen wir alle in das Haus hinein. Sobald ich mich im Inneren des Hauses befand, bemerkte ich das aufgeregte Gebell des Hundes im Hof.

Ich ging hinaus, um zu sehen, was los war, und ich traute meinen Augen kaum. Genau an der Stelle, an der meine Kinder noch Minuten zuvor gespielt hatten, gähnte jetzt ein riesiger Krater. Dort war früher eine trockengelegte Klärgrube, und die gesamte Betondecke, die sich über der Grube befunden hatte, war um sechs Meter abgesackt und völlig von Wasser bedeckt.

Als ich die Öffnung im Boden sah, wusste ich nicht, ob nicht etwa eines meiner Kinder in dieses Loch hineingefallen war. Voller Panik rannte ich ins Haus und begann, die Kinder abzuzählen: „Eins, zwei, drei Jungen... Puh! Alle waren da und in Ordnung!" Ich dankte dem Herrn für Seine Bewahrung, die Er uns geschenkt hatte.

Am Abend war ich immer noch recht erschüttert, wenn ich daran dachte, dass wir, ohne etwas davon gewusst zu haben, so nahe an einer Katastrophe gewesen waren. Auf Grund heftiger Regenfälle, die es in Argentinien gegeben hatte, war das gesamte Erdreich um die

Grube herum fortgespült worden, und es war nur ein leerer Hohlraum unter der Betondecke übriggeblieben. Von außen sah alles ganz normal aus. Wir konnten nur das grüne Gras und den Boden sehen, alles hatte den Anschein wie immer. Weil der ganze Bereich aber unterspült war, verwandelte er sich in eine tödliche Falle, die früher oder später zuschnappen würde. An dieser Stelle hatten meine Kinder gespielt, und ich hatte keine Ahnung gehabt, in welcher Gefahr sie sich befunden hatten.

Wie oft geht es uns so, dass wir erwachen und einen neuen Tag beginnen, und dann geschieht etwas aus heiterem Himmel, das den Ablauf unseres ganzen Lebens für immer verändert. Ebenso ist es auch in unserem Leben als Christen. Manchmal erkennen wir gar nicht, dass es da Mächte und Gewalten gibt, die versuchen, das Fundament unter unseren Füßen wegzuspülen.

Diese beängstigende Erfahrung ließ mich über ein Leben nachdenken, das nicht auf den Heiligen Geist ausgerichtet ist. Es ist absolut lebensnotwendig, dass wir auf die Warnsignale Gottes in unserem Leben achten. Gott gibt uns Warnungen, um uns auf Gefahren aufmerksam zu machen, die uns ermüden, wie etwa Dekadenz oder Apathie. Wenn wir den Heiligen Geist ignorieren, dann wird der Zusammenbruch an einem vorherbestimmten Moment erfolgen, und unser Leben wird krachend zu Boden stürzen.

Anzeichen geistlicher Dekadenz

Das Wörterbuch „Funk and Wagnall's Standard Dictionary" definiert Dekadenz so: in der Zersetzung oder im Zerfall befindlich; Zustand oder Zeitraum des Niedergangs, wie im Bereich der Moral." Ich möchte Ihnen hier einige der Warnzeichen für geistliche Dekadenz nennen, die Sie davor bewahren, in eine geistliche Klärgrube zu fallen.

Mangel an geistlicher und moralischer Energie

Ein chronischer Mangel an geistlicher und moralischer Energie kann ein Warnzeichen vor drohender geistlicher Gefahr sein. Ich habe gehört, wie Menschen sagten: „Ich bin kein schlechter oder gewalttätiger Mensch. Ich tue niemandem weh, aber ich habe auch nicht die Kraft für ein dynamisches Leben als Christ. Mir fehlt einfach die Kraft und Motivation." Viele Menschen, denen die Motivation fehlt, leben in einer geistlichen Benommenheit.

Ablehnung von Veränderung

Es ist ein zweites Anzeichen für geistliche Dekadenz, wenn wir es ablehnen, uns zu verändern. Wir beugen uns vor den Götzen von Stabilität und Vorhersagbarkeit. Wir wollen von nichts gestört oder beunruhigt werden, das wir nicht bereits kennen.

Mangel an Freude

Ich erinnere mich noch genau an das erste Mal, als mich jemand mit dem Mangel an Freude in meinem Leben konfrontierte. Eine Mitstudentin am Fuller Seminar kam auf mich zu und fragte mich: „Sergio, bist du eigentlich ein glücklicher Mensch?" Ich wusste nicht, was ich ihr antworten sollte. Ich ging gerade durch eine schwierige Zeit und hatte mit Entmutigung und Einsamkeit zu kämpfen. Es war nicht leicht, ihr eine ehrliche Antwort zu geben. Wenn es im Leben eines Christen keine Freude gibt, dann ist das ein Zeichen, dass sich etwas verändern muss.

Ich sage hier nicht, dass es kein Leiden oder Traurigkeit geben sollte oder dass Sie nie wieder Probleme haben werden. Was ich hier aber sage ist, dass selbst inmitten von Schmerz und Leid die Freude des Herrn um uns ist.

Alles kontrollieren wollen

Ein weiteres Anzeichen für geistliche Dekadenz ist die Tatsache, dass wir alles kontrollieren wollen. Das sieht dann typischer Weise so aus, dass wir alles besitzen wollen und alles auf unsere Weise zu geschehen hat oder dass wir beständig unsere eigenen Rechte verteidigen müssen. Eine weitere Erscheinungsform dieses Problems kann auch die Besessenheit sein, Reichtümer anhäufen zu müssen.

Ein Leben mit Angst und Sorge

Wenn wir in unserem Leben immer wieder mit Wellen von Angst und Sorge zu kämpfen haben, dann stehen alle Zeichen auf Alarm.

Vielleicht haben Sie den beständigen Eindruck, dass bei Ihnen etwas nicht stimmt, aber Sie kommen nicht darauf, was es sein könnte. Wenn Sie dieses Problem haben, dann spricht Gott jetzt zu Ihnen. Er möchte Ihr Herz vorbereiten, damit Er Seinen Heiligen Geist in Ihr Leben gießen kann.

Sünde als etwas Normales dulden

Die Probleme beginnen immer dort, wo ein Mensch denkt: „Nun, es ist ja ganz klar, dass ich diese Sünde nicht überwinden kann. Und weil mich das immer mit einer solchen Wolke der Verdammnis überzieht, werde ich mit ihr fertig, indem ich mich gar nicht um sie kümmere. Wenn die Versuchung kommt, werde ich der Sünde nachgeben und sie dann einfach vergessen." Manche Christen haben einen Friedensvertrag mit ihrer Sünde geschlossen. Sie haben eine Übereinkunft getroffen, die lautet: „Nachdem ich dich nun einmal nicht loswerden kann, werde ich dich in mein Haus hineinlassen. Aber du musst unauffällig bleiben und darfst mir nicht zu sehr auf die Nerven gehen."

Solche irregeführten Menschen haben keinerlei Vorstellung, was für einen Vertrag sie da eigentlich abgeschlossen haben. Wenn nämlich diese Art der Sünde ein dauerhaftes Lager in unseren Häusern, unserem Leben aufschlagen darf, bringt sie nichts als Zerstörung und Unglück mit sich. Und der Heilige Geist kommt jetzt mit Seiner roten Warnleuchte und sagt zu Ihnen: „Mein Kind, wach auf! Wach auf, der du schläfst, und lass Christus in dein Leben strahlen!" Wenn Sie bislang diese Warnleuchten übersehen haben, dann ist es jetzt höchste Zeit, die Botschaft aufzunehmen, die Gott Ihnen verständlich machen möchte.

Langeweile in Ihrem Gebetsleben

Manche Christen sind derart diszipliniert, dass sie beten, obwohl es langweilig für sie ist. Bevor sie morgens zur Arbeit gehen, nehmen sie sich eine halbe Stunde Zeit, um zu beten. Aber sie verbringen die Zeit damit, auf die Uhr zu sehen und sich bereits in Gedanken Listen mit all den Dingen zu machen, die sie noch erledigen müssen. Ihre Herzen und Gedanken sind an einem ganz anderen Ort.

Mit den Füßen in der Gemeinde und die Augen auf die Welt gerichtet

Es ist möglich, dass jemand denkt: „Ich tue doch alles, was ich tun soll. Ich gehe in die Kirche, bete und so weiter." Aber sein Herz schlägt nicht wirklich für die Gemeinde oder die Dinge des Herrn. Die leidenschaftliche Sehnsucht seines Herzens gilt anderen Dingen. Dieser Mensch denkt vielleicht: „Wie wunderbar wäre es doch, so leben zu können." Oder es kann ihm auch herausrutschen: „Wie großartig es doch da draußen ist!" Die Lichter dieser Welt haben ihn angezogen.

Dem Herrn unsere Finanzen vorenthalten

Liebe Geschwister, halten Sie Geld zurück, das der Herr Ihnen in die Hände gegeben hat, um Ihre örtliche Gemeinde oder die Mission zu segnen und zu fördern? Wenn dem so ist, dann könnte das ein Anzeichen dafür sein, dass Sie sich im Zustand geistlicher Dekadenz befinden. Vielleicht lieben Sie Ihre Gemeinde nicht mehr so, wie Sie sie früher einmal geliebt haben. Oder etwas ist in Ihrem Herzen erkaltet und der Heilige Geist lässt die Warnlampe aufleuchten und sagt: „Ich sehe keine Großzügigkeit mehr. Deine Opfer sind nicht mehr heldenhaft, so wie sie es früher waren."

Belästigt vom Kreuz

Wenn wir uns durch Worte wie „Opfer", „Leiden" oder „Kreuz" belästigt fühlen, wenn wir lediglich Botschaften über Segnungen hören und nichts von Leiden wissen wollen, dann brauchen unsere Herzen dringend Veränderung. Viele Menschen nehmen heutzutage eine Botschaft über Wohlstand gerne an, aber sie vermeiden den Ruf zur Buße und Opferbereitschaft. Manche Menschen wollen auch gar nichts über das Blut Jesu oder Sein Opfer hören, weil es so hart und grausam klingt. Selbst wenn sie wissen, dass es eben dieses Opfer war, das ihnen die Erlösung und das ewige Leben geschenkt hat, so verschließen sie dennoch ihre Ohren.

Abhängigkeiten

Abhängigkeiten sind ein sehr starkes Anzeichen für geistliche Dekadenz. So ist unter anderem das Trinken ein sehr weit verbreitetes Problem. Die Warnlampen leuchten in dem Moment auf, wenn jemand einen Drink braucht, um sich gut zu fühlen, oder wenn er oder sie glaubt, dass die Erleichterung der Seele aus dem Alkohol kommt. Der Heilige Geist sagt: „Es ist Zeit, etwas dagegen zu unternehmen!" Es ist an der Zeit, dass Sie von Ihren Ketten befreit werden.

Abhängigkeiten gibt es in allen Formen und Farben. Dazu gehören zwanghaftes Einkaufen, Ess-Sucht, schmierige Liebesgeschichten, Glücksspiele, illegale Drogen, selbstsüchtiges Karrierestreben und die Liebe zum Geld. Diese Liste könnte selbstverständlich beliebig weitergeführt werden. (Ich werde auf sexuelle Abhängigkeiten im Abschnitt „Gefangen im Netz der Pornografie" eingehen.)

Schicksalsergebenheit

Ein weiteres Anzeichen für geistliche Dekadenz ist in einer Haltung der Schicksalsergebenheit zu erkennen. Das bedeutet, dass sich die Menschen so willenlos ihrer Zukunft überlassen wie jemand, der sich in ein Boot fallen lässt, das völlig ziellos den Strom abwärts treibt. Sie denken: „Ganz egal, was ich tue, ich habe immer das Gefühl, in meinem Leben zu versagen. Mein Großvater war ein Versager, alle meine Onkel haben versagt, einige meiner Freunde haben auch versagt, und ich habe das untrügliche Gefühl, dass auch ich versagen werde." Derartige Gedanken sind ein weiterer starker Hinweis darauf, dass Sie sich im Zustand der geistlichen Dekadenz und in großer Gefahr befinden.

In der Bibel steht, dass Jesus einen Plan für unser Leben hat, und dass der Herr uns berufen hat, von Sieg zu Sieg und von Herrlichkeit zu Herrlichkeit zu gehen. Als Kinder unseres Gottes ist unsere Zukunft hell und voller Hoffnung (vgl. Jeremia 29,11; 2. Korinther 3,18).

Gefangen im Netz der Pornografie

Pornografie ist Sünde; sie ist zerstörerisch und zersetzend. Manche haben schon gesagt: „Aber es stört doch sonst niemanden; es geschieht ganz im Geheimen und Privaten. Es ist etwas, das ich in meinen Gedanken tue, oder wenn ich ganz allein bin." Eines Tages werden wir uns vor dem Herrn für jede einzelne Perversion verantworten müssen, die wir getan, gesehen oder gesagt haben. Pornohefte werden direkt in der Hölle gedruckt. Obwohl manche Menschen noch nie ein derartiges Heft gekauft haben, ist ihre Vorstellungskraft dennoch auf die gleiche Weise von schmutzigen pornografischen Phantasien verseucht.

Unheilige Unterhaltung

Wenn wir uns Unterhaltungsformen hingeben, die Gott nicht wohlgefällig sind, dann ist das ein weiteres Warnzeichen dafür, dass wir uns in einem Zustand geistlicher Dekadenz befinden. Viele Gläubige führen ein reines Leben bis auf den Bereich, wo es um ihre private Unterhaltung geht. Es ist, als würden sie sagen: „Jetzt habe ich eine Sondergenehmigung des Heiligen Geistes, alles an Reinheit hinter mir zu lassen und meine Prinzipien aufzugeben." Zu solchen Zeiten gestatten sie es sich dann, über schmutzige Witze zu lachen oder unmoralische Videos anzusehen, die sie zu anderen Zeiten in ihrem Leben nicht zulassen würden. Aber weil der Witz oder Film einen Anteil an Humor hat, gestatten sie ihm, in ihr Leben oder in ihre Familie einzudringen.

Ich möchte an dieser Stelle kurz unterbrechen, um Sie zu warnen. Solche Dinge spülen die Erde fort und lassen den Boden unter Ihren Füßen schwinden und einstürzen. Solche „harmlosen" Unterhaltungsformen werden Ihnen und Ihrer Familie großen Schaden zufügen.

Tödliche Teilnahmslosigkeit

Teilnahmslosigkeit bedeutet, dass uns alles ziemlich egal ist. Ein sicheres Anzeichen für geistliche Teilnahmslosigkeit ist ein Zustand emotionaler Betäubung bis an den Punkt, an dem die betreffende Person denkt: „Mich interessiert gar nichts mehr." Wenn Sie mit diesem Punkt zu kämpfen haben, dann lassen Sie sich sagen, dass noch etwas in Ihren Gefühlen geschehen muss. Sie müssen den Heiligen Geist an die innersten Fasern Ihres Herzen heranlassen, um Sie dort zu berühren. Vielleicht denken Sie gerade: „Ich kann die Gegenwart Gottes ja nicht einmal spüren. Ich spüre keine Freude, ja noch nicht einmal Trauer. Ich kann weder lachen noch weinen." Gott möchte Ihre Gefühle heilen. Er möchte Sie in die Arme schließen, Sie erneuern und Ihnen eine frische Berührung schenken.

Die Warnlampen Gottes

Die Anzeichen für geistliche Dekadenz sollen uns warnen, dass irgend etwas nicht in Ordnung ist. Sie sind mit den Kontroll- und Warnlampen am Armaturenbrett eines Autos vergleichbar. Die Warnlampen geben uns einen Hinweis, wenn nicht mehr genügend Öl vorhanden ist, wenn die Bremsen bald versagen, wenn die Batterie nicht aufgeladen wird und so weiter. Wenn zum Beispiel das Öllämpchen angeht, dann gibt es eine Reihe von Dingen, die man tun kann. Eine Möglichkeit ist es, ein altes Tuch unter dem Sitz hervorzuziehen, das Lämpchen zuzudecken und das Ganze zu vergessen, bis sich die Kolben festgefressen haben und der ganze Motor kaputt ist.

Unser Gewissen und der Heilige Geist funktionieren ganz genauso. Sehr oft spricht der Heilige Geist zu uns, und das ist dann wie eine Warnlampe, die vor uns aufblinkt. Er gibt uns eine Warnung, dass etwas Gefährliches passieren wird, und Er weist uns einen Weg, wie wir die Dinge wieder in Ordnung bringen können, bevor es zu spät ist. Wie können wir dann gegen diese Dinge kämpfen?

Den Kreislauf des geistlichen Verfalls umdrehen

Wenn wir den Kreislauf des geistlichen Verfalls umdrehen wollen, ist der erste Schritt der, dieser heimtückischen Lüge nicht mehr zu glauben, die uns weis machen will, ein anständiger Prozentsatz an Heiligkeit sei schon genug. Ich habe Ihnen bereits mein Zeugnis erzählt, wie der Herr mich ergriffen und so lange geschüttelt hat, bis alle Alarmglocken in meinem Leben läuteten. Sämtliche Warnlampen leuchteten vor mir auf und er sagte: „98 % Heiligkeit sind nicht genug!"

Ich hatte gedacht, schon ganz gut mit dem Herrn zu leben. Ich führte mein Leben mit einem recht hohen Prozentsatz an Heiligkeit, und ich dachte, das sei genug. Aber Gott zeigte mir, dass wenn wir nicht in völligem Gehorsam leben, selbst unser gelegentlicher Ungehorsam eine Beleidigung für Ihn ist. In Jesaja 64,5 heißt es: „Aber nun sind wir alle wie die Unreinen, und alle unsere Gerechtigkeit ist wie ein beflecktes Kleid."

Jemand sagte einmal: „Wir können Gott gar nichts geben, wenn wir Ihm nicht alles geben." Manche Menschen haben dem Herrn noch nichts gegeben, weil sie Ihm noch nicht alles gegeben haben.

Schlafen im Licht

Vor Jahren sang der inzwischen verstorbene christliche Musiker Keith Green: „Die Sünder schlafen in der Finsternis, und die Gemeinde schläft im Licht." Was für ein erschütternder Satz und welch ein markerschütternder Weckruf, den der Heilige Geist heute für alle Gläubigen erschallen lässt!

Wahrscheinlich werden die meisten Leser dieses Buches Christen sein, die den Herrn lieben. Aber der Herr erwartet heute mehr von Seiner Gemeinde. Gott ruft nach einer größeren Hingabe Seiner Diener, weil Er uns auf neue und stärkere Weise dabei gebrauchen möchte, Sein Reich zu bauen und auszuweiten.

Gemeindewachstum ist keine Bedrohung für den Teufel

Es ist an der Zeit, alles zurückzulassen, was unserer Heiligkeit im Wege steht, und unsere Herzen 100 % für Gott zu öffnen. Manche denken jetzt vielleicht: „Ja, ich weiß, die Gemeinde ist nicht perfekt, aber wenigstens wächst sie." Auch ich sage: „Preist den Herrn für diese Tatsache!" Wenn wir ein Land mit einer hohen Gemeindewachstumsrate sehen, geben wir Gott alle Ehre. Aber ich möchte hier eine ziemlich radikale Behauptung aufstellen: Gemeindewachstum ist keine Bedrohung für den Teufel. Gemeindewachstum wird nur dann zu einer Bedrohung für ihn, wenn dieses Wachstum von Heiligkeit begleitet wird.

Die Gemeinde ist wie ein Rettungsboot auf einem Schiff, das im eisigen Wasser versinkt. Wenn der Gemeinde Heiligkeit fehlt, wenn christliche Familien nicht in Reinheit leben, wenn ein Gläubiger nicht danach trachtet und versucht, so zu leben wie Jesus, dann ist dieses Rettungsboot voller Löcher. Während die Gemeinde Menschen aus dem eisigen Wasser zieht ist das Rettungsboot selber am Sinken.

Ich war einmal in einem Land, in dem der regionale Superintendent einer großen christlichen Denomination nicht genau wusste, was er mit dieser Botschaft anfangen sollte. Aber später berührte Gott sein Herz, und er bekannte das Folgende in der Öffentlichkeit:

> Wir haben das Evangelium als eine Art Sport betrachtet; es ist wie ein Hobby für uns, und wir waren stolz auf das große Wachstum, das wir in unseren Gemeinden gesehen haben. Wir haben es zugelassen, dass wir selbstzufrieden wurden, und wir haben uns zurückgelehnt und uns auf unserem Niveau der Religiösität ausgeruht. Wir haben Gemeindewachstum ohne Heiligkeit gesehen.

Meine lieben Geschwister, es ist gut, weiterhin als Gemeinden zu wachsen, aber es ist das Beste – und wichtig – dass wir in der Heiligkeit unseres Herrn Jesus Christus wachsen.
Vielleicht finden Sie sich in einem oder mehreren der Anzeichen geistlicher Dekadenz wieder, die wir gerade besprochen haben. Wenn an Ihrem geistlichen Armaturenbrett jetzt gerade eines dieser roten Lämpchen leuchtet, dann bitte ich Sie im Namen Jesu, widerstehen Sie der Stimme Gottes nicht. Knien Sie in Seiner Gegenwart nieder und sagen Sie Ihm jetzt: „Herr, ich will dir mein Leben weihen, und ich weiß, dass ich 100 % in deinem Willen leben kann."

Heiligkeit wird übertragen, nicht erarbeitet
Wenn ich über 100 % Reinheit spreche, geht es mir nicht um menschlichen Perfektionismus oder Selbstdisziplin. Was ich sage ist, dass die Heiligkeit Jesu auf uns übertragen werden kann. In 1. Korinther 1,30 heißt es:

> 1. Korinther 1,30
> Durch ihn aber seid ihr in Christus Jesus, der uns von Gott gemacht ist zur Weisheit und zur Gerechtigkeit und zur Heiligung und zur Erlösung.

Wenn Sie zum Kreuz Jesu kommen, dann werden die Reinheit und Heiligkeit Gottes reichlich auf Ihr Leben übertragen. Und das Leben, das früher von Sünde befleckt und verschmutzt war, wird jetzt gereinigt. Dem Leben, das von Sünde verdammt war, ist jetzt vergeben.

Manche möchten an dieser Stelle vielleicht einwenden: „Pastor, ich habe auch schon früher solche Botschaften gehört. Das kenne ich alles schon." Ich habe Sie nicht gefragt, ob Sie das alles schon kennen. Ich frage Sie im Namen unseres Herrn Jesus Christus, ob Sie das *getan* haben, was Sie gehört haben? Wenden Sie es in Ihrem Leben an?

Gestatten Sie es, dass Gott Sie heiligt!

> 1.Thessalonicher 5,22–23
> Meidet das Böse in jeder Gestalt. Er aber, der Gott des Friedens, heilige euch durch und durch und bewahre euren Geist samt Seele und Leib unversehrt, untadelig für die Ankunft unseres Herrn Jesus Christus.

Beachten Sie die Vollständigkeit in diesem Abschnitt. Diese Schriftstelle ist für all diejenigen, die nicht an die Lehre der vollständigen Heiligkeit glauben. Sie ist der Hammer Gottes, der alle falschen Vorstellungen in unseren Herzen zerschlägt.

Der Schlüssel zur Vermeidung geistlicher Dekadenz ist der folgende: Bitten Sie den Herrn, dass *Er* Sie vollständig reinigt und Seine Heiligkeit auf Sie überträgt.

Vor nicht allzu langer Zeit besuchte ich einen jungen Mann, der in unsere Gemeinde kam und der mit vielen verschiedenen Formen der Sünde zu kämpfen hatte. Er hatte es zugelassen, dass Zorn, Weltlichkeit, Wut, Streit und Pornografie in sein Leben gekommen waren, und jetzt kämpfte er, um davon loszukommen. Er tat Buße und verlieh seinem Wunsch nach Veränderung Ausdruck. Erst kürzlich meldete ich mich erneut bei ihm, um zu sehen, wie es ihm ging, und er sagte: „Ich habe dem Herrn gesagt: ‚Wenn du wirklich willst, dass ich ein heiliges Leben führe, dann musst du die Welt aus meinem Herzen nehmen.' Und weißt du was? Gott hat es getan! Ich bin völlig verändert und lebe jetzt im Sieg!"

Der Herr möchte, dass unser gesamtes Wesen heilig ist – nicht nur unsere Seele und unser Geist, nicht nur der religiöse Bereich unseres Lebens, nicht nur am Sonntag, wenn wir den Gottesdienst besuchen. Solange wir auf dieser Seite des Himmels leben, werden wir Versuchungen gar nicht vermeiden können, aber unsere Leidenschaft für Gott kann so stark sein, dass sie das verblendende Licht der Versuchung völlig überstrahlt.

Alles andere hinter sich lassen, um auf dem Pfad der Heiligkeit zu wandeln

Zuerst beruft Er uns, dann bittet Er uns, alles andere zu verlassen. Er bittet um unsere Zerbrochenheit, und dass wir alle unsere irdischen Wünsche aufgeben. Er sagt: „Wer mir nachfolgen will, der verleugne sich selbst und nehme sein Kreuz auf sich und folge mir nach" (Markus 8, 34). Das ist der Ruf, alles in unserem Leben auf den Altar Gottes zu legen. Es ist der Ruf, aller Weltlichkeit abzusagen und Jesus Christus mit unserem ganzen Herzen zu folgen.

Aber nach einer solchen Hingabe kommt Seine Verheißung: „Treu ist der, der euch ruft; er wird's auch tun" (1. Thessalonicher 5,24).

Ich trete mit der Überzeugung vor Sie, dass Jesus Christus das Werk in unserem Leben vollbringen wird, wenn wir Ihm nur die Erlaubnis dazu geben.

Vor einigen Monaten stellte mir ein junger Mann aus unserer Gemeinde folgende Frage: „Wie lange werden Sie noch über Heiligkeit predigen, Pastor?"

Ich antwortete ihm: „Bis die ganze Gemeinde Buße getan hat! Bis die Heiligkeit Gottes in der Gemeinde vollkommen ist." Warum wollen wir nicht glauben, dass Jesus, genau wie Er der Heiler ist, auch der ist, der uns heilig macht? Warum wollen wir nicht glauben, dass alle Männer, Frauen und Kinder in Heiligkeit leben können?

Diese Art der Hingabe bedeutet nicht, dass wir nie wieder in Sünde fallen werden, da wir menschliche und zerbrechliche Gefäße sind. Aber wir können sagen: „Wenn ich in der Gnade des Herrn bleibe, dann kann ich auf dem Weg der Heiligkeit wandeln." Weil ich nach Heiligkeit gesucht und Heiligung im Glauben empfangen habe, kann ich mit Paulus bestätigen: „Mein Gewissen ist rein" (1. Korinther 4,4).

Es ist so wunderbar, wenn wir fest vor dem Herrn stehen und sagen können: „Mein Gewissen ist rein. Durch die Gnade Gottes, durch das Blut Jesu Christi bin ich von aller Ungerechtigkeit gereinigt." Der Herr bewahrt Seine Schätze in „irdenen Gefäßen, damit die überschwängliche Kraft von Gott sei und nicht von uns" (2. Korinther 4,7).

Wenn Sie solch ein irdenes Gefäß sind, dann sind Sie genau der richtige Kandidat, die Kraft Seiner Heiligkeit übertragen zu bekommen. Bitten Sie einfach darum, und Sie werden empfangen!

Kapitel 10

Ein Kleiderwechsel für den Hohenpriester

Das Feuer Seiner Heiligkeit ist etwas Wunderbares. Aber viele Menschen wissen überhaupt nicht, was sie mit dieser neuen Bewegung Gottes anfangen sollen. Sie fragen mich: „Wie kann ich dieses Feuer der Heiligkeit in meinem Leben erhalten?" Lassen Sie uns einige der Schlüsselprinzipien betrachten, um das Feuer Gottes zu empfangen und zu behalten.

Achtung: Der Verkläger ist immer in der Nähe

Sacharja 3,1
Und er ließ mich sehen den Hohenpriester Jeschua, wie er vor dem Engel des Herrn stand, und der Satan stand zu seiner Rechten, um ihn zu verklagen.

Betrachten Sie einmal dieses seltsame Bild: Jeschua, der Hohepriester und oberste Pastor Israels, steht direkt vor dem Engel Gottes. Und dann sehen wir, wie Satan an der rechten Seite Jeschuas steht. Selbst Jeschua, der mächtige Hohepriester Israels, wird von Satan verklagt.

Viele Gläubige leben mit den Anklagen Satans, so wie Jeschua das tat. Vielleicht geht es auch Ihnen beim Lesen dieses Buches so, dass Sie sich sagen: „Ich trage ständig so ein Schuldgefühl mit mir herum. Ich weiß, dass ich über jede mir bewusste Sünde Buße getan habe, aber trotzdem fühle ich mich immer noch schuldig, und ich weiß gar nicht, was ich dagegen tun kann." Erinnern Sie sich, lieber Bruder oder liebe Schwester, das größte Werk des Teufels besteht darin, Christen zu verklagen:

Offenbarung 12,10
Und ich hörte eine große Stimme, die sprach im Himmel: Nun ist das Heil, und die Kraft, und das Reich unseres Gottes geworden und die Macht seines Christus: denn der Verkläger unserer Brü-

der ist verworfen, der sie verklagte Tag und Nacht vor unserem Gott.

Wir werden noch sehen, was der Herr genau dagegen unternommen hat. Einige von Ihnen, die dieses Buch lesen, stehen direkt vor dem Engel des Herrn. Aber genauso steht der Verkläger direkt an Ihrer Seite. Und viele von Ihnen hören noch auf die Stimme des Feindes. Selbst wenn Sie predigen oder lehren, kommen Sie nicht in die vollständige Freiheit, weil es da immer noch Anklagepunkte gegen Sie gibt. Diese Anklagen sind aber nicht von Gott. Satan verklagt Gemeinden, Ehen, Dienste und einzelne Gläubige.

Es ist das Ziel Satans, dass die Menschen sich schmutzig fühlen, und er möchte den guten Ruf von Leitern ruinieren. Er wird alles in seiner Macht Stehende tun, um das moralisch hochstehende Verhalten von einigen zunichte zu machen und auf den Dreck anderer zu verweisen. Der Heilige Geist kommt, um von Sünde zu überführen; Satan kommt, um uns mit unbereinigter Schuld zu überschwemmen.

Der Herr schilt den Satan für uns

Sehen Sie, was der Herr hier in Seinem Wort sagt: „Und der Engel des Herrn sprach zu Satan" (Sacharja 3, 2).

Sie können sehen, dass der Herr gar nicht zuerst mit Jeschua redet. Er spricht zuerst den Teufel an. Und der Engel, der für den Herrn, den Allmächtigen selber steht, sagt:

Sacharja 3,2
Der Herr schelte dich, du Satan! Ja, der Herr, der Jerusalem erwählt hat, schelte dich!

Wir müssen als erstes die Tatsache verstehen, dass Gott uns erwählt hat. Wir sind das erwählte Volk Gottes und haben eine Bestimmung. Das bedeutet, dass der Herr einen herrlichen Plan für unser Leben hat. Im Reich Gottes gibt es keine Bürger zweiter Klasse. Durch das Kreuz Jesu sind wir alle Bürger erster Klasse!

Weil der Herr die Gemeinde erwählt hat, schilt er den Teufel. Viele hingegebene Christen haben Schuldkomplexe und sie halten diese auch noch für ein Werk des Heiligen Geistes. Aber diese Art der Schuld führt nie zu mehr Heiligkeit, sondern nur zu Bedauern und Traurigkeit. Es ist eine geistige Quälerei, die uns nicht reinigt. Es gibt einen Unterschied zwischen Verdammnis, die vom Feind ist und uns von Gott trennt und Überführung durch den Heiligen Geist, die uns in die Arme Gottes treibt.

Der Teufel verursacht lediglich ein allgemeines Schuldgefühl mit dem Ziel, dass wir uns schmutzig fühlen. Aber der Heilige Geist überführt uns von Sünde. Dabei ist Er sehr konkret, da Er die Sünde aus unserem Leben herausreißen möchte. Er will alles wegnehmen, was von unserem alten Leben noch übrig ist.
Zuerst schilt der Herr also Satan, weil der Teufel kein Anrecht am Leben Jeschuas hat. Der Herr tut das auch für uns.

Dann kann man in der Geschichte des Hohenpriesters sehen, wie die Situation sich verschlimmert. Der Herr sagt: „Ist dieser nicht ein Brandscheit, das aus dem Feuer gerettet ist?" (Sacharja 3,2). Sie und ich, wir sind wie Brandscheite, die aus dem Feuer unserer Sünde und Gefangenheit herausgerissen sind. Der Herr hat uns aus der Gefangenschaft erlöst und uns von dem Schmutz dieser Welt befreit. Aber viele Christen glimmen noch immer vor sich hin, und ab und zu steigt etwas Rauch aus ihrem Leben auf. Der Herr möchte auch das noch wegnehmen.

Erinnern Sie sich daran, dass Jeschua und seine jüdischen Brüder aus der Gefangenschaft in Babylon kamen. Und nun wurde Jeschua als Hoherpriester angeklagt, unfähig zu sein. Kommt Ihnen dieses Bild bekannt vor? Heutzutage disqualifizieren sich viele Pastoren und Lehrer selber, weil sie sich unfähig und inkompetent fühlen. Wenn schuldbeladene Menschen einen Dienst in der Gemeinde übernehmen, dann besteht immer die Gefahr, dass sie ihre Position dazu missbrauchen, ihren Minderwertigkeitskomplex loszuwerden. Sie sind Brandscheite, die aus dem Feuer gerettet wurden.

Ein Hoherpriester in schmutzigen Kleidern?

„Jeschua aber hatte unreine Kleider an und stand vor dem Engel" (Sacharja 3,3). In ähnlicher Weise sind unsere Gemeinden mit Menschen in unreinen oder schmutzigen Kleidern gefüllt. Viele Dienste sind geprägt von Täuschung, Hochmut, Neid und der Angst, ihre Bedeutung zu verlieren. So sehen die alten Kleider aus. Manche Menschen reisen von einer christlichen Konferenz zur nächsten, empfangen von vielen verschiedenen Dienern Gottes und sagen dabei immer: „Herr, segne mich, so wie ich bin." Aber der Herr kann das nicht tun, weil ihre Gewänder schmutzig und unrein sind.

Der Herr will unsere schmutzigen Kleider austauschen und uns mit einem völlig reinen Gewissen leben lassen. Es ist möglich, Gott kann das tun! Wenn die Gemeinde geheiligt ist, dann werden die Gaben Gottes offensichtlich. Die Heiligkeit Gottes fließt in den Straßen, und die Universitäten, Schulen, das Management und die Arbeiterschaft werden von der Kraft Gottes berührt.

Niemand muss ein Leben in der Niederlage führen, weil der Herr zum Teufel sagt: „Ich schelte dich. Lass die Christen los, lass die Gemeinde los!" Ich bete, dass Gott den Verkläger in Ihrem Leben schilt. Sie sind frei! Der Herr tut ein wunderbares Werk in Ihrem Leben.

Wer von Ihnen nur kleinen Glauben hat, der soll jetzt zum Herrn sagen: „Ich glaube, hilf meinem Unglauben und stärke meinen Glauben." Das Feuer Gottes fällt auf alle Nationen. Der Geist der Heiligkeit und der Kraft und der Erkenntnis des Herrn wird die Erde bedecken, so wie das Wasser das Meer (vgl. Jesaja 11,9).

Danken Sie dem Herrn für die Erweckung, die über die Erde kommt. Nehmen Sie sich einen Moment und beten Sie das folgende Gebet:

Herr, geh nicht an mir vorüber, gebrauche mich. Ich will nicht auf der Reservebank bleiben. Ich möchte im Zentrum deines Willens sein. Ich bin ein Brandscheit, das aus dem Feuer gerettet ist. Tausche heute meine schmutzigen Gewänder aus. Reinige mich, wasche mich, und gib mir die Autorität, die ich brauche. Amen.

Ein Kleiderwechsel für den Dienst

> Sacharja 3,4 (Elberfelder Bibel)
> Und der Engel antwortete und sprach zu denen, die vor ihm standen: Nehmt ihm die schmutzigen Kleider ab!

Und so nahmen sie Jeschua die schmutzigen Kleider ab. Gott möchte, dass Sie durch eine Krise gehen – eine sehr kostbare Krise der Heiligkeit. Er möchte Sie, Ihre Familie und Ihren Dienst dem Feuer Gottes aussetzen, damit er die Bereiche verändern kann, die Er verändern möchte.

In Sacharja 3,4 heißt es dann weiter: „Und er sprach zu ihm: Sieh her, ich nehme deine Sünde von dir und lasse dir Feierkleider anziehen." Vielleicht haben Sie bereits die Erfahrung gemacht, wie Gott schmutzige Kleider wegnimmt; vielleicht erfahren Sie es, während Sie dieses Buch lesen. Aber nach Ihrer Zeit der Buße möchte der Herr Ihnen ein Feierkleid geben.

Lassen Sie uns zu Jeschua zurückkehren. Sie „setzten ihm einen reinen Kopfbund auf das Haupt und zogen ihm reine Kleider an, und der Engel des Herrn stand dabei" (Vers 5). Ein Kopfbund ist ein Stück Stoff, das um den Kopf gewickelt wird. Hier steht der Kopfbund für Gottes Schutz unserer Gedanken. Eine beträchtliche Anzahl von Christen haben scheinbar über viele Dinge in ihrem Leben Kontrolle, doch ihre Gedanken können sie nicht kontrollieren. Wenn das Feuer Gottes auf Ihr Leben kommt, bringt es Autorität und sofortige Reaktion auf Sünde mit sich.

Heiligkeit heißt nicht nur, Gott zu lieben, sondern auch die Sünde zu hassen!

> Psalm 119,128
> Darum halte ich alle deine Befehle für recht, ich hasse alle falschen Wege.

Wenn die Taufe mit dem Heiligen Geist und mit Feuer über Ihr Leben kommt, dann bringt sie eine heilige Abscheu gegen die Macht der Sünde in Ihnen hervor. Sie werden anfangen, jeden falschen und bösen Weg zu hassen. Heiligkeit heißt nicht nur, Gott zu lieben, sondern auch die Sünde zu hassen. Wenn Sie Ihre Sünde nicht hassen, können Sie nicht frei davon werden. Ich bete, dass Gott Ihnen einen vollkommenen Hass auf Ihre Sünde schenkt.

Der Herr fordert uns auf, unserer Sünde den Krieg zu erklären.

Wie wir bereits besprochen haben, haben sich manche Menschen daran gewöhnt, friedlich mit ihrer Sünde zusammenzuleben. Aber der Herr fordert uns dazu heraus, unserer Sünde den Krieg zu erklären. Erklären Sie Ihren Alkoholismus zum Feind. Erklären Sie Lust, Pornografie und häusliche Gewalt zum Feind. Erklären Sie sich zu einem Freund Gottes!

Heiligkeit hilft, seinen Platz zu finden

Wie viele Heilige sind am falschen Ort? Wie viele von Ihnen müssen sagen: „Pastor, ich bin so frustriert. Es scheint, ich passe nirgendwo so richtig hin. Die Leute erkennen mich einfach nicht an oder schätzen mich nicht. Ich schätze mich noch nicht einmal selbst mehr." Das Wort Gottes sagt uns in Sacharja 3,7, dass uns der Herr selbst einen Platz im Reich Gottes geben wird, wenn wir auf dem Weg der Heiligkeit und Reinheit wandeln:

> Und so spricht der Herr Zebaoth: Wirst du in meinen Wegen wandeln und meinen Dienst recht versehen, so sollst du mein Haus regieren und meine Vorhöfe bewahren. Und ich will dir Zugang zu mir geben mit diesen, die hier stehen."

Männer und Frauen können als ein Zeichen stellvertretend die Veränderung herbeiführen

> Sacharja 3,8
> Höre nun, Jeschua, du Hoherpriester: Du und deine Brüder, die vor dir sitzen, sind miteinander ein Zeichen; denn siehe, ich will meinen Knecht, „den Spross", kommen lassen.

Das „Zeichen" in diesem Vers steht für die Menschen, die ein Symbol oder Zeichen sind – ein Beispiel – für Seine Gerechtigkeit. In dem Maße, wie christliche Leiter und Pastoren auf die Heiligkeit Gottes zugehen, werden ihre ganzen Gemeinden und Versammlungen beeinflusst werden. Solche Christen stehen heute als ein Zeichen für eine Generation mit einer alles verzehrenden Leidenschaft für Gott. Wenn sich die Gemeinde heiligt, dann werden sich unsere Städte verändern, und die Welt wird erbeben.

Alle Sünde an einem einzigen Tag wegnehmen

> Sacharja 3,9
> Spricht der Herr Zebaoth, ich will die Sünde des Landes wegnehmen an einem einzigen Tag.

Sehr oft kommt es bei Erweckungen zu plötzlicher, dramatischer und gemeinschaftlicher Buße und Umkehr. Am Anfang des 20. Jahrhunderts ging das Feuer der Erweckung über Korea hinweg. Gleich zu Beginn nahm der Herr die Sünden der Menschen, die an dieser Erweckung beteiligt waren, innerhalb nur einiger weniger Stunden fort. Am ersten Tag der Erweckung verbrachten die Menschen die ganze Nacht damit, Schlange stehend darauf zu warten, jemandem ihre Sünden bekennen zu können. Meine Freunde, wir hungern danach, diesen Tag in Dutzenden von Städten auf der ganzen Welt anbrechen zu sehen!

Damit dieser Tag aber kommen kann, müssen Sie und ich unsere schmutzigen Gewänder ablegen und uns vom Engel des Herrn ein Feierkleid geben lassen. Dann wird das Feuer fallen und uns mit dem Evangelium Jesu Christi um die ganze Welt führen.

Manche Menschen sagen: „Pastor, ich bin mir nicht so sicher, ob ich dieses Feuer überhaupt empfangen will. Wenn es kommt, dann habe ich Angst, es innerhalb weniger Tage wieder zu verlieren." So wie Claudio Freidzon es mir sagte, als ich dieses Feuer ganz frisch empfangen hatte, so sage ich Ihnen jetzt: „Mein Freund, dieses Feuer wird Sie nie wieder verlassen."

Jesus, nimm mir meine schmutzigen Kleider jetzt ab!

Ich möchte an dieser Stelle jeden Christen, der noch Sünde in seinem Leben hat, bitten, eine kleine Pause zu machen und jetzt zu beten. Gott steht ganz kurz davor, Ihnen neue und reine Kleider anzuziehen. Und das gilt nicht nur für einige wenige; das Feuer Gottes ist für den gesamten Leib Jesu bestimmt. Kommen Sie zu Jesus und empfangen Sie jetzt die Taufe mit Feuer.

Nehmen Sie sich jetzt einige Augenblicke Zeit und entfernen Sie alles, was noch an Schmutz in Ihrem Leben übrig war. Ich sage Ihnen, dass es keinen Schmutz, kein Laster, keine schlechte Angewohnheit oder Kette gibt, die stärker wäre als Jesus Christus. Wenn Sie zu Jesus Christus kommen, dann wird Er Ihnen die schmutzigen Gewänder abnehmen. Wir warten auf den Tag, an dem Sie durch Ihre Gemeinde in die Stadt eindringen und sehen, wie dort Tausende und Abertausende zu den Füßen Jesu knien.

Manche von Ihnen werden eine Feuertaufe empfangen, um ganze Städte zu gewinnen. Andere werden Feuer empfangen, um ganze Nationen für Jesus zu gewinnen. Vielleicht denken Sie jetzt: „Ich brauche einen solchen göttlichen Kleiderwechsel." Wenn Gott Sie gerade überführt, dann zögern Sie nicht. Nehmen Sie sich jetzt einen Moment Zeit und sagen Sie: „Jesus, nimm meine Sünde weg; zieh mir die schmutzigen Kleider aus. Tu in meinem Leben, was immer du willst. Tu mit mir, was immer du möchtest." Ich bete, dass der Herr Ihnen die gesegnete Gabe gibt, über Ihre Sünde zu weinen. Er betrachtet das Opfer, das wir Ihm so bringen, mit Wohlgefallen: das Opfer eines zerbrochenen Herzens.

Für alle diejenigen, die eine Beziehung aufgeben müssen, die außerhalb des Willens Gottes ist, nehmen Sie sich jetzt einen Augenblick Zeit, und geben Sie Ihm diese Beziehung ab. Wenn es da noch etwas gibt, das Sie aus Ihrem Leben ausräumen müssen, dann möchte ich Sie einladen, dieses Gebet laut mit aller Ernsthaftigkeit des Herzen zu beten:

Danke, Herr, dass du am Kreuz für mich gestorben bist. Herr, ich weiß, es ist möglich, ein Leben der Reinheit und Heiligkeit

zu führen. Deswegen empfange ich jetzt die Heiligkeit Jesu Christi. Engel des Herrn, nimm mir meine schmutzigen Kleider ab und gib mir neue Kleider. Gib mir Kleider der Reinheit, Heiligkeit und Freude. Mein Herr, vergib mir meine Sünde, und befreie mich von meiner Rebellion. Verändere meinen Charakter und mein Verhalten gegenüber meiner Familie, meiner Arbeitsstelle und meiner Gemeinde. Mach mich zu einer neuen Person. Herr, leere mich von allem, was mein ist. Reinige mein Herz. Leere es aus, damit ich bereit bin, das Feuer der Heiligkeit zu empfangen. Herr, ich verspreche dir, auf dieses Feuer zu achten; ich will es hüten und schätzen. Ich will es mit deiner Hilfe bewahren bis an den Tag Jesu Christi. Ich will die Sünde hassen und ein reines Leben für dich führen. Das verspreche ich, mein Gott, im Namen Jesu.
Und nun, mein Herr, umgib mich mit deiner Liebe. Ich empfange deine Gnade und Barmherzigkeit, deine Vergebung und Anerkennung, deine Reinheit und dein Feuer für meine Gemeinde und meine Stadt. Ich empfange es jetzt!

Der Herr nimmt Ihr Opfer jetzt an. Das gesamte Werk Satans ist zunichte gemacht, weil die Gemeinde sich gereinigt hat. Der Herr hat Satan gescholten. Es gibt keine Verdammnis für die, die in Christus Jesus sind. Amen.

Kapitel 11

Die Dynamik der Versuchung

Ich habe eine besondere Last für die Pastoren und Diener des Herrn. Es ist mein sehnlichster Wunsch, dass ihre Frucht bleibe und dass sie fest im Herrn stehen können. Der Dienst von Pastoren, Evangelisten, Propheten, Lehrern und Aposteln ist nicht darauf ausgerichtet, einen größeren persönlichen Wirkungsbereich zu haben, sondern vielmehr die Heiligen auszurüsten, zu vervollkommnen und vorzubereiten, selbst das Werk des Dienstes zu tun.

Ich möchte Ihnen mitteilen, was der Herr mir in Seiner Gnade gezeigt hat, damit Sie in Ihrem Dienst wachsen können und gefestigt werden. Es ist mein Gebet, dass es Ihnen in einem Jahr besser geht als jetzt, und dass es Ihnen in fünf Jahren, falls der Herr so lange ausbleibt, noch viel besser geht und Sie stets zunehmen in der Gnade des Herrn. Wenn Sie nicht im vollzeitigen Dienst stehen, blättern Sie trotzdem bitte nicht weiter zum nächsten Kapitel. Die Prinzipien dieses Kapitels gelten für alle Gläubigen, die sich nach mehr Kraft sehnen, der Versuchung zu widerstehen.

Lektionen über Versuchung aus 1. Mose 3

In 1. Mose 3 geht es um Versuchung und wie wir uns dagegen verteidigen können. Ich möchte einiges über die Dynamik der Versuchung sagen und wie wir damit fertig werden können.

> 1. Mose 3,1-3
>
> Aber die Schlange war listiger als alle Tiere auf dem Felde, die Gott der Herr gemacht hatte, und sprach zu dem Weibe: Ja, sollte Gott gesagt haben: Ihr sollt nicht essen von allen Bäumen im Garten? Da sprach das Weib zu der Schlange: Wir essen von den Früchten der Bäume im Garten; aber von den Früchten des Baumes mitten im Garten hat Gott gesagt: Esset nicht davon, rühret sie auch nicht an, dass ihr nicht sterbet!

Wie wir uns gegen Versuchungen verteidigen können

Solange wir auf dieser Erde sind, werden wir uns immer mit Versuchungen zu befassen haben – immer – selbst wenn wir uns mitten in einer großen Erweckung befinden. Selbst wenn Sie einer der besten Gemeindemitarbeiter der Welt sind, werden Sie es mit Versuchungen zu tun haben. Wenn Sie nicht bereit sind, dieses Problem anzugehen, dann hat der Feind die Gelegenheit, einen Sieg in Ihrem Leben zu erringen. Wie können wir uns vorbereiten? Lassen Sie uns einige Möglichkeiten betrachten.

Sie müssen wissen, dass der Feind heimtückisch und äußerst verschlagen ist

Wie funktioniert Versuchung? Zu allererst schleicht sich die Versuchung immer sehr behutsam an, da der Feind intelligent vorgeht. Der Teufel ist nicht dumm. Er kommt mit einer teuflischen und höllischen Verschlagenheit, und wird nichts unversucht lassen, um uns zu täuschen. Wenn es dem Teufel einmal gelungen ist, Ihre Aufmerksamkeit zu gewinnen und Sie von der Bahn Gottes abzulenken, dann kann er auch die Kontrolle über Ihr Leben erlangen. Aber Satan kann uns nichts anhaben, wenn wir ihm keinen Raum dazu geben! Das Problem liegt darin, dass wir ihm als Menschen einen Wirkungsort geben.

Sie müssen wissen, dass Sünde genauso machtlos ist wie eine erstarrte Schlange

Sünde ist wie eine erstarrte Schlange: Sie hat keine Kraft oder Autorität mehr über uns. Das Werk wurde auf Golgatha vollbracht. Das Problem beginnt dann, wenn ein Christ sagt: „Arme Schlange, was muss dir aber kalt sein," und die Schlange zum Aufwärmen in die Nähe des Feuers legt. Dann kehrt das Leben in sie zurück. Und mit dem Leben kommt der Angriff.

Keine netten Gespräche mit dem Teufel!

Wir sehen in 1. Mose 3, dass die Schlange listiger war als alle anderen Tiere des Feldes. Sie kam voller Verschlagenheit und sprach mit der Frau. Wissen Sie, was das erste Problem war? Die Frau beschloss, mit der Schlange ein Schwätzchen zu halten! Mein Vater hat einen sehr vollmächtigen Befreiungsdienst. Seit meiner Kindheit kann ich mich daran erinnern, wie er das folgende Prinzip lehrte: „Keine Unterhaltung mit dem Teufel. Führe keine Gespräche mit dem Feind."

Oft geht es mir so, wenn ich predige, dass ich in meinem Geist spüre, wie manche Menschen in der Versammlung meiner Botschaft keine Aufmerksamkeit schenken können, weil sie andere Stimmen hören. Bisweilen unterbreche ich die Predigt dann und bitte alle, die seltsame Stimmen hören, ihre Hände zu heben. Es ist immer wieder erstaunlich zu sehen, wie viele Menschen dann reagieren.

Hören Sie Stimmen? Vielleicht klingt es für Sie sogar wie der Heilige Geist, aber in Ihren Gedanken wissen Sie, dass etwas in dieser Stimme nicht mit dem Bild der Bibel übereinstimmt. Haben Sie Gedanken des Selbstmordes, vielleicht sogar den Gedanken, dass es etwas Edles wäre, weil Sie Ihre Aufgabe auf der Erde ohnehin nicht erfüllen können? Stellen Sie sicher, dass Sie alle diese Ratschläge weit von sich weisen. Sie kommen direkt aus der Hölle – weisen Sie sie zurück.

Bitten Sie den Heiligen Geist um Unterscheidung und lassen Sie es von reifen Christen überprüfen. Identifizieren Sie die irreführenden Stimmen. Wie Ed Silvoso sagt: „Lass dir von Dämonen keine Theologie beibringen." Wir müssen den Dämonen widerstehen und sie austreiben. Wir können voller Zuversicht sogar zu Satan selber sprechen und ihm ganz biblisch widerstehen und sagen: „Satan, der Herr schelte dich" (vgl. Sacharja 3,2). Wir dürfen keine Haltung der Freundschaft mit dem Feind haben, sondern wir müssen aggressiv sein und Gedanken des Kampfes gegen ihn haben.

Entlarven Sie dämonische Unmoral

Ein Pastor aus Brasilien erzählte mir die folgende Geschichte:

> Ich hatte noch nie in meinem Leben als Christ Probleme mit Pornografie oder Unreinheit. Ich hatte damit einfach kein Problem. Und dann etwa vor einem Jahr war ich plötzlich wie besessen

von Pornografie und Unreinheit. Es war beinahe überwältigend. Es fühlte sich fast so an wie etwas, das von außen auf mich eindrang. Einige befreundete Pastoren und ich begannen zu beten. Sehr bald suchte mich ein Neubekehrter auf, der aus einer okkulten Gruppierung kam, und erzählte mir, dass im vergangenen Jahr zehn „Macumbagruppen“ (das ist ein satanischer Kult in Brasilien) in der Gegend Namenslisten mit Personen aufgestellt hätten, die sie durch Unmoral zerstören wollten. Er sagte noch zu mir: „Dein Name steht auf allen zehn Listen.”
Nachdem sie die Strategie des Feindes entdeckt hatten, begannen diese Leute sofort, gegen die Pfeile der Unmoral zu beten. Statt mich vor lauter Schuld und Scham zurückzuziehen, wurde ich um so entschlossener und richtete meine ganze Kraft darauf, der satanischen Attacke zu widerstehen. Durch die Gnade Gottes gelang mir das auch.

Monate später besuchte ich die Stadt dieses Mannes für eine Konferenz. Dieser Pastor wurde auf sehr spektakuläre Weise mit Feuer getauft. Ich hatte kostbare Gemeinschaft mit ihm und ich freue mich zu sehen, wie er immer stärker wird, wenn er anderen in der Kraft des Geistes dient.

Manche Pastoren fühlen sich schuldig wegen ihrer geheimen Sünden, die in Wirklichkeit ihren Ursprung im Okkulten haben und sie in ihren Gedanken angreifen. Sie müssen zwischen ihrer eigenen Fleischlichkeit und dem, was ein direkter satanischer Angriff ist, unterscheiden, und sie dürfen nicht unwissend sein, damit sie nicht vom Satan übervorteilt werden (vgl. 2. Korinther 2,11). Bekennen Sie Gott Ihre Kämpfe, kehren Sie um von allem Nachgeben gegenüber den Verlockungen Satans, und widerstehen Sie dem Feind.

Erkennen Sie das schrittweise Vorgehen der Versuchung

Das Problem ist oft, dass der Feind sich nur langsam und in kleinen Schritten anschleicht. So wie sich die Schlange über den Boden windet, so schlängelt sich die Versuchung in unser Leben. Dabei funktioniert es ähnlich wie bei dem Experiment mit dem Frosch.

Ein Frosch wird in einen Topf mit Wasser gesetzt aus dem er jederzeit herausspringen kann.

Versuchung ist eine sich langsam steigernde Gefahr.
Vielleicht denken Sie, es geht Ihnen gut,
obwohl die Temperatur um Sie herum bereits steigt.

Dann wird der Topf auf eine Feuerstelle gesetzt, die das Wasser sehr langsam erhitzt. Obwohl die Temperatur zunimmt, bewegt sich der Frosch nicht. Langsam kommt das Wasser zum Siedepunkt und der Frosch stirbt. Dieses Experiment zeigt ganz deutlich das Prinzip einer langsam zunehmenden Gefahr.

Versuchung funktioniert im Leben vieler Menschen ganz genauso. Sie steigt langsam an und bewegt sich schleichend und unmerklich voran. Und sobald Sie einmal in Ihrem Leben Versuchung zugelassen haben, wird sie dort immer weiter um sich greifen und einen richtiggehenden Brückenkopf in Ihrem Leben etablieren. Deswegen ist es so wichtig, alle Gedanken und Muster radikal zu beenden, die sich in Ihr Leben eingeschlichen haben. Sie müssen am Altar des Herrn darüber Buße tun und sich davon abwenden. Es ist nur allzu leicht zu denken: „Ach, es geht mir ja ganz gut," ohne auch nur ansatzweise zu erkennen, dass die Temperatur um uns herum bereits im Steigen begriffen ist.

Viele erkennen zu spät, dass sie dem Teufel Raum gewährt haben. Satan lockt sie in seine Falle und fügt ihnen große Verletzungen zu. Später empfangen sie dann Vergebung, Gnade und Barmherzigkeit, aber um wie viel schwieriger ist die Lage für denjenigen, der gefallen ist! Ist es nicht viel besser, sagen zu können: „Danke, Herr, dass du mich beschützt und behütet hast." Es ist wunderbar, sein Zeugnis rein halten und den Schutz Gottes genießen zu können.

Leider hat Eva die Worte Satans nicht ignoriert, und sie ließ sich auf eine Unterhaltung mit ihm ein. Die Schlange glitt an ihr vorüber und stellte ihr eine scheinbar recht vernünftige Frage. Sie sagte nicht etwa: „Na, Eva, wie wäre es heute mit einer kleinen Sünde?" Sondern sie fragte: „Ja, sollte Gott gesagt haben: Ihr sollt nicht essen von allen Bäumen im Garten?" (1. Mose 3,1).

1. Mose 3, 2-4

Da sprach das Weib zu der Schlange: Wir essen von den Früchten der Bäume im Garten; aber von den Früchten des Baumes mitten im Garten hat Gott gesagt: Esset nicht davon, rühret sie auch nicht an, dass ihr nicht sterbet! Da sprach die Schlange zum Weibe: Ihr werdet keineswegs des Todes sterben.

Wäre das Gespräch an dieser Stelle abgebrochen worden, hätte Eva vielleicht noch gesagt: „Du bist doch ein Lügner; ich verschwinde von hier." Aber Satan belog sie nicht einfach nur – sondern er vermischte Lüge und Wahrheit. So sagte er zu ihr:

1. Mose 3, 4-5

Ihr werdet keineswegs des Todes sterben, sondern Gott weiß: An dem Tage, da ihr davon esset, werden eure Augen aufgetan, und ihr werdet sein wie Gott, und wissen, was gut und böse ist.

Auf eine Art würden Adam und Eva wirklich so sein wie Gott, weil sie wissen würden, was gut und böse ist. Sie würden ihre menschliche Unwissenheit verlieren. Was tat Satan also? Er gab ihnen sozusagen Gift im Schokoladenmantel. Er gab seinem kleinen Vortrag einen so faszinierenden Anschein, dass Eva sagte: „Wie interessant – was für ein ansprechendes Konzept," und sich Zweifel in ihr Herz einschleichen konnten.

Lernen Sie, Ihr Schwert zu gebrauchen

Welch ein Unterschied im Vergleich zu Jesus in der Wüste! Satan versuchte Jesus mit weltlichen Gelüsten: Macht, Nahrung und Reichtum. Innerhalb nur einer Minute hätte Jesus alle Königreiche dieser Erde haben können, wenn Er sich vor Satan auf die Knie geworfen hätte (vgl. Lukas 4, 1-13).

Aber der Herr sagte: „Es steht geschrieben," und Er trieb den Feind mit der Schrift zurück. Auf der anderen Seite war Eva schwach geworden und hatte versagt. Viele unsichere Christen sitzen Woche für Woche in der Kirche, nehmen am Gottesdienst teil und erfahren vielleicht sogar den Segen Gottes. Aber leider hält das oft nur genauso lange an, wie sie im Gottesdienst sitzen. Später kehren sie in ihre Häuser zurück, beginnen zu wanken und fallen in ihren vorherigen geistlichen Zustand zurück.

Werden Sie im Angesicht der Versuchung nicht schwach

Eines der Anzeichen dafür, dass ein Christ nicht fest im Herrn steht, ist ein wankelmütiger Charakter. Die Bibel sagt, ein Zweifler ist unbeständig auf allen seinen Wegen (vgl. Jakobus 1,8). Wenn er ein Pastor ist, wird seine Kraft nachlassen, und er wird seinen eigenen Dienst auflösen. Er ist wie die Wellen des Meeres: an einem Tag steht er ganz groß da, am anderen gar nicht. Er ist genauso unsicher, wie Eva es war.

Vielleicht war Eva wie die Christen, die mir erzählen: „Ich vertraue niemandem. Man hat mich belogen und mir eine Prophetie gegeben, die sich dann nicht erfüllt hat. Ich habe meinen Glauben an alles Übernatürliche verloren." Seien Sie vorsichtig, liebe Geschwister. Der Geist Gottes bewahre Sie davor, Barrieren gegen die Erkenntnis Jesu Christi zu errichten.

Ich bringe Ihnen hier nicht eine Reihe von menschlichen Ratschlägen oder fleischlichen Argumenten, sondern vielmehr die Ermahnung und Erinnerung, dass die Waffen unseres Kampfes nicht von Fleisch und Blut sind, sondern mächtig in Gott, um Gedankenfestungen zu zerstören (vgl. 2. Korinther 10,4). Das Wort „zerstören", das hier gebraucht wird, kann im Griechischen auch „zu Staub zermahlen" bedeuten – die Festungen einreißen, die sich gegen Gott erheben.

Diese Festungen können die Form falscher oder fehlgeleiteter Schlussfolgerungen annehmen. Es können Barrieren in unseren Gedanken sein, die sich gegen die Erkenntnis Jesu Christi und gegen das Licht des Heiligen Geistes erheben. Ist es möglich, dass ein Pastor oder Gemeindemitarbeiter unter derartigen Gedankenfestungen leidet? Ja! Als Paulus der Gemeinde in Korinth über Gedankenfestungen schrieb, wandte er sich an Gläubige. In 2. Korinther 10 schreibt Paulus über Gedankenfestungen, die sich gegen die Ge-

meinde erhoben haben; dabei spricht er von unsichtbaren Mauern, die einen Teil des Segens Gottes in unserem Leben verhindern.
Eva zweifelte und begann, Dinge zu vermischen. Sie geriet ins Wanken.

> 1. Mose 3, 6
> Und das Weib sah, dass von dem Baum gut zu essen wäre und dass er eine Lust für die Augen wäre und verlockend, weil er klug machte. Und sie nahm von der Frucht und aß und gab ihrem Mann, der bei ihr war, auch davon, und er aß.

Lassen Sie sich nicht von der Welt beeindrucken

Evas Interesse wurde durch die Worte der Schlange geweckt. Sie war neugierig und wollte das Verbotene kosten. Heutzutage haben viele Menschen in der Gemeinde mit dem gleichen Problem zu kämpfen. Sie sind gelähmt von ihrer Sünde. Sie denken: „Ich werde es nicht tun." Aber ihr Herz ist immer noch bei der gleichen Sache. Sie bewundern die Welt, sie ist ihnen lieb und wert. Aus religiöser Scham wagen sie es nicht, der Welt ganz nachzujagen, aber in ihrem Herzen sagen sie sich doch: „Ich wünschte, ich könnte." Sie sind in ihren verbotenen Tagträumen gefangen.

Ich war einmal mit einigen Missionaren, die ich sehr liebe und schätze und die einen starken Einfluss auf mein Leben gehabt haben, in Spanien. Im Laufe einer Unterhaltung kamen wir darauf zu sprechen, wie schön die Geschäfte in den Vereinigten Staaten sind, welche Erfolge sie als Nation erzielt hatten und wie sehr wir die Dinge bewunderten, die sie hatten. Zuerst fiel es mir gar nicht auf, aber wir waren sehr beeindruckt von den Dingen dieser Welt. Die Bibel sagt nicht, dass wir die Dinge der Welt nicht genießen dürfen, denn Gott hat Dinge wie Nahrung gemacht, damit wir sie genießen. Er gab uns sogar Geschmacksnerven, damit wir gutes Essen genießen können. Es ist nichts Schlimmes daran, solche Dinge zu genießen, aber es ist falsch, sie zu lieben.

Während wir so über diese Dinge redeten, fing der befreundete Pastor an, aus 1. Johannes 2,15 zu zitieren: „Habt nicht lieb die Welt, *noch was in der Welt ist*" (Hervorhebung durch den Autor).

Ich sagte mir: „Das ist das Wort Gottes für mein Leben. Es ist ein Tadel und eine Herausforderung für meine Seele. Ich werde mich verändern. Ich will andere Gedanken denken. Ich will nicht das lieben, was auf dieser Erde ist, da es alles vergänglich ist."

Sehr bald wird das Ewige kommen, und dann wird das, was vergänglich ist, nicht länger wichtig sein. Deshalb müssen wir achtsam sein, dass nichts unsere Leidenschaften gefangen nimmt und so unsere Liebe zu Jesus überdeckt. Wir müssen achtsam sein, dass uns nichts in die Falle lockt oder bindet.

Übernehmen Sie die Verantwortung für Ihre Taten

Ein Teil des Problems bei Adam und Eva war, dass sie keine Verantwortung für ihre Taten übernehmen wollten. Warum ist Eva gefallen und lud dann auch noch ihren Mann dazu ein? Nach 1. Mose 3,12 sagte Adam dann zu Gott: „Das Weib, das du mir zugesellt hast, gab mir von dem Baum, und ich aß."

Männer, wir müssen unsere Verantwortung als Pastoren unserer Familien wahrnehmen und nicht unseren Frauen die ganze Verantwortung auflasten. Ich sage den Männern unserer Gemeinde oft: „Bruder, du bist der Pastor für dein Zuhause. Du bist der Pastor deiner Frau und deiner Kinder." Wie wichtig ist es doch für uns Männer, dass wir in unserem Zuhause die geistliche Verantwortung übernehmen!

Manche halten mir vielleicht jetzt entgegen: „Aber meine Frau ist doch viel geistlicher als ich. Ich bin eher ein Geschäftsmann, mehr der Verwaltertyp." Wenn es um die geistliche Leiterschaft in Ihrem Heim geht, dann geht es Gott dabei nicht um Ihr Temperament, Ihre Denkweise, ob Sie ein Gefühlsmensch oder eher verstandesbetont sind oder ob Sie ein Mensch mit konkretem Denken sind.

Es ist einfach Seine Anweisung, dass Sie die geistliche Leitung in Ihrem Zuhause übernehmen sollen. Wenn Sie diesen Platz einnehmen, werden Sie viele Schwierigkeiten und Konflikte in Ihrer Familie vermeiden. Ebenso fand auch die Frau, Eva, einen Weg, für das Vorgefallene keine Verantwortung übernehmen zu müssen:

1. Mose 3,13

Da sprach Gott der Herr zum Weibe: Warum hast du das getan? Die Frau sprach: Die Schlange betrog mich, so dass ich aß.

Meine Schwester, schieben Sie doch nicht die Schuld auf Ihre Umstände, Ihre Familie, Ihre Nachbarn oder den Teufel. Auch die Frau muss ihre Verantwortung übernehmen und verstehen, dass sie berufen ist, ein Leben in Heiligkeit zu führen. Gott wird Sie für Ihre Handlungen zur Verantwortung ziehen.

Zusammenfassend möchte ich sagen: Der Herr erwartet von uns, verteidigungsbereit zu sein, geschützt und wachsam gegen die Einflüsterungen und Angriffe des Feindes, und nicht in Unkenntnis über die Pläne Satans.

Kapitel 12

Den Altar für das Feuer vorbereiten

Wir lieben es, in 1. Könige 18 über den Propheten Elia zu lesen, wie er die Baals-Priester konfrontierte und das Feuer vom Himmel fallen ließ. Meine Geschwister, das Feuer Gottes fällt nicht einfach so an jedem x-beliebigen Ort mitten in der Wüste. Wir müssen den Altar unseres Lebens vorbereiten, wenn wir sehen wollen, dass das Feuer Gottes auf uns fällt.

Bevor das Feuer auf die Bitte Elias hin fiel, musste er durch einen mühsamen Vorbereitungsprozess gehen. Worauf bereitete Gott ihn vor? Darauf, dass die Religion eines ganzen Volkes an einem einzigen Tag verändert wurde! Es war Elias Aufgabe, die Juden von der heidnischen Anbetung des Gottes Baal abzubringen, und sie wieder zu ihrem Glauben an den einen Gott, Jahwe, den Herrn, zurückzubringen. Wir können in 1. Könige 17,1 nachlesen:

> 1. Könige 17,1
> Und es sprach Elia, der Tischbiter, aus Tischbe in Gilead zu Ahab: So wahr der Herr, der Gott Israels, lebt, vor dem ich stehe: Es soll diese Jahre weder Tau noch Regen kommen, ich sage es denn.

Sofort setzte in ganz Israel eine Trockenperiode ein, und das Wort des Herrn geschah zu Elia:

> 1. Könige 17, 3-4
> Geh weg von hier und wende dich nach Osten und verbirg dich am Bach Krit, der zum Jordan fließt. Und du sollst aus dem Bach trinken, und ich habe den Raben geboten, dass sie dich dort versorgen sollen.

Gott sagte: „Ich bin dabei, etwas vorzubereiten. Ich bereite das Volk, diese ganze Nation vor, und mit dieser Trockenheit werde ich sie zerbrechen." Weshalb wählte der Herr ausgerechnet eine Trockenheit, um die Halsstarrigkeit Seines Volkes zu zerbrechen? Weshalb kein Erdbeben oder irgendeine andere Methode? Vielleicht lag es daran, dass Baal der Gott des Regens, der Ernte, des Wohlstandes und der Fruchtbarkeit war. Mit einer Trockenheit würde der Herr Baal an einer sehr empfindlichen Stelle treffen. Gott konnte dann sagen: „Was für eine Art Gott betet ihr denn nun an, wenn es keinen Regen gibt? Was für ein Gott der Fülle und des Reichtums ist das, wenn alle eure Felder vertrocknet sind?" Gott bereitete durch die Trockenheit die ganze Nation vor.

Stellen Sie sicher, dass Sie Ihre Trockenheit nicht verfluchen, denn manchmal kommen Zeiten der Trockenheit von Gott. Oft lässt Er Schwierigkeiten in unseren Familien, Gemeinden, Städten und Nationen zu, um uns vorzubereiten und uns Hunger nach Erweckung zu geben. Wenn Dinge nicht so funktionieren, wie sie für gewöhnlich funktionieren, wenn es Unbequemlichkeiten gibt, dann sind die Menschen in ihrer Suche nach Antworten oft aufnahmebereiter für Gott.

Schritte der Vorbereitung

Wir müssen uns fragen: Wie bereitete Gott Elia darauf vor, Anführer einer großen Erweckung in Israel zu werden? Zuerst befahl Er ihm, sich zu verstecken. Er befahl ihm, aus dem Bach Krit zu trinken und das Brot zu essen, das ihm die Raben morgens und abends brachten.

Schritt 1: Wir müssen lernen, uns von Gott abhängig zu machen (selbst wenn uns Seine Methoden seltsam erscheinen).

Gott baute Elia kein Esszimmer. Er gab ihm auch kein Telefon, um sich Pizza zu bestellen. Der Herr sagte: „Du musst dich von mir abhängig machen, und ich werde Methoden anwenden, die dir vielleicht neu sind. Ich werde Vögel gebrauchen, die man ‚unrein' nennt." Raben zählten für die Juden nicht zu den reinen Tieren. Das Volk Israel hielt immer eine Distanz zu diesen Vögeln. Dennoch sandte Gott genau solche Vögel, um Elia mit Brot und Fleisch zu versorgen.

Ich kann mir gut vorstellen, wie Elia neben dem Bach saß und sich fragte, ob die Raben an diesem Tag wohl auftauchen würden. Und sie kamen, jeden Morgen und jeden Abend. Er bekam einen direkten Lieferservice des Herrn.

Schritt 2: Wir müssen bereit sein für Veränderung.

> 1. Könige 17, 5-7
> Er aber ging hin und tat nach dem Wort des Herrn und setzte sich nieder am Bach Krit, der zum Jordan fließt. Und die Raben brachten ihm Brot und Fleisch des Morgens und des Abends, und er trank aus dem Bach. Und es geschah nach einiger Zeit, dass der Bach vertrocknete; denn es war kein Regen im Lande.

Es kann ziemlich schwierig sein, wenn uns der Herr an einen Ort schickt und sagt: „Sieh her, da ist dieser Bach – du wirst hier frisches Wasser trinken." Tag um Tag gehen wir zu diesem Bach und sagen uns dabei: „Ja, das ist genauso, wie es der Herr gesagt hat." Eines Tages kommen wir dann an den Bach, und es ist weniger Wasser da. Plötzlich kommt es uns: „Dieser Bach ist am Vertrocknen!" Etwas später trocknet er dann wirklich vollständig aus; nichts ist von diesem Bach mehr übrig.

Diese Veränderungen sind für manche Christen unglaublich schwierig. Sie denken: „Aber Gott hat mich doch in diesen Dienst gesandt. Gott hat vor zehn Jahren zu mir gesprochen! Am Anfang war ja alles in Ordnung, aber jetzt ist alles vertrocknet." Liebe Geschwister, das ist eine harte Lektion für uns alle. Zuerst müssen wir es lernen, uns von Gott abhängig zu machen. Dann müssen wir Veränderung lernen, wie Gott uns führt.

Ich lehre dieses Prinzip auch unsere Pastoren: Der schlimmste Feind für die kommende Erweckung kann oft gerade die vorhergegangene Erweckung sein. Die Menschen, die sich in der ersten Erweckung wohlgefühlt haben, werden oft diejenigen sein, die nichts mit der kommenden neuen Sache zu tun haben wollen. Sie blicken auf Charles Wesley, John Wesley und Charles Finney, und sie erwarten eine sehr würdige und gesetzte Erweckung!

Wie oft klammern wir uns geradezu an die vergangenen Segnungen und sagen dabei: „Herr, bitte schick mich von diesem Ort nicht weg. Ich habe den Segen immer auf diese Weise empfangen. Das ist mein Bach."

Dabei will der Herr uns sagen: „Ich habe dich an diesen Bach gesandt, aber jetzt befehle ich dir, diesen Ort zu verlassen. Ich habe ihn vertrocknen lassen, damit du nicht länger nur von einem Bach abhängig bist. Ich werde einen nationalen Wolkenbruch senden! Mit dem Bach könnte ich dir zwar genug zu trinken geben, aber die Menschen dieses Volkes sind am Verdursten. Ich möchte, dass du dieses sichere Versteck verlässt, damit du die Baale besiegen kannst. Und als Ergebnis davon werde ich Wasser über der ganzen Nation ausgießen und sie segnen."

Der Herr wird tun, was immer nötig ist, um uns aus unseren Diensten und Bequemlichkeitszonen an einen neuen Ort zu bewegen. Wir sagen dann oft: „Aber Herr, ich habe doch alles richtig gemacht. Ich habe für dich gearbeitet; du hast mich doch schließlich hierher gestellt." Sehr oft erkennen wir gar nicht, dass es Gott selbst ist, der uns von unserem alten Ort fortbewegen will.

Vielleicht antwortet Er uns dann: „Ja, ich habe dich vor zehn Jahren hierher geschickt, aber jetzt ist es an der Zeit weiterzugehen. Ich möchte etwas Neues in deinem Leben tun." Liebe Geschwister, wir wollen es nicht zulassen, dass unser Gehorsam der Vergangenheit der Feind unseres gegenwärtigen Gehorsams wird.

Elia hatte gar keine Möglichkeit, am Bach Krit zu bleiben; denn wenn er dort geblieben wäre, wäre er umgekommen. Wie viele von Ihnen sehnen sich danach, dass der Herr den Bach vertrocknen lässt, an dem Sie Ihr Lager aufgeschlagen haben? Mein Gebet ist: „Herr, lass meinen Bach vertrocknen, damit ich weiterhin von dir abhängig bin." Selbst der Bach kann in unserem Leben zur Routine werden. Ich bin mir sicher, dass Elia sich daran gewöhnt hatte, aus dem Bach zu trinken und auf die Raben zu warten, die ihm sein Essen brachten. Bis zu dem Zeitpunkt, an dem der Herr sagte: „Genug! Ich werde etwas Neues tun!"

Gott ist nicht statisch. Er wirkt sehr aktiv unter den Menschen. Aufgrund Seiner Liebe wirkt Er beständig unter uns, und deswegen müssen Sie sich auf eine Veränderung gefasst machen. Wir sehen dann die Veränderung, die in den Versen 7 bis 9 auftrat:

> 1. Könige 17,7-9
> Und es geschah nach einiger Zeit, dass der Bach vertrocknete; denn es war kein Regen im Lande. Da kam das Wort des Herrn zu ihm: Mach dich auf und geh nach Zarpat, das bei Sidon liegt, und bleibe dort; denn ich habe dort einer Witwe geboten, dich zu versorgen.

Nehmen Sie einen Ortswechsel vor. Gehorchen Sie den Anweisungen Gottes.

Schritt 3: Gehen Sie an den Ort, den Gott Ihnen sagt.

In 1. Könige 17,9 können wir lesen, wie Gott Elia befiehlt, nach Zarpat bei Sidon zu gehen. Zarpat lag im Norden von Israel, aber es war nicht mehr in Israel; es war in Phönizien. Der Herr sagte: „Ich werde dich gebrauchen, aber ich werde dich von dem Ort wegführen, an dem du dich gerade befindest. Ich werde dich aus deiner Bequemlichkeitszone herausführen."

Das erinnert mich an einige unserer Gemeindemitglieder, die sich so sehr an ihre Hauskreise gewöhnt haben. Sie haben es sich dort sehr bequem gemacht; sie gehen dorthin, um zu empfangen und ihre Freundschaften zu pflegen. Es bilden sich starke Bindungen, bis eines Tages der Hauskreisleiter kommt und sagt: „Bruder, wir wollten dich bitten, am Leitertraining teilzunehmen und den nächsten neuen Hauskreis zu übernehmen. Wir haben da eine Gruppe von Leuten am anderen Ende der Stadt, die dich brauchen." Manche antworten dann und sagen: „Nein. Es geht mir sehr gut, wo ich gerade bin! Ich habe keine Lust zu gehen. Ich empfange hier sehr gut und werde gut gefüttert." Aber jemand hat die Salbung Gottes auf diesem Bruder liegen sehen und sah sein Potential für Leiterschaft.

Es ist nett und bequem in unserer kleinen Ecke, wo wir so schön an unserem friedlichen Bach versteckt sind. Aber Gott beruft uns zu etwas Größerem. Liebe Geschwister, Gott ruft Sie, in Seinem Reich zu dienen.

Der dritte Schritt in der Vorbereitung bedeutet, am richtigen Ort zu sein. Manchmal würden wir gerne den Ort hinterfragen, an den Gott uns sendet. Aber der Herr sandte Elia nach Phönizien, aus Israel hinaus.

Schritt 4: Wir müssen bereit sein, uns von anderen Menschen abhängig zu machen.

Einige bestehen den Test nicht, weil sie nicht bereit sind, dorthin zu gehen, wo Gott sie haben möchte. Was wäre geschehen, wenn Elia sich geweigert hätte, den Bach Krit zu verlassen? Er hätte sagen können: „Wie meinst du das, eine Witwe wird mich versorgen? Gott versorgt mich doch direkt vom Himmel. Ich werde mich doch nicht von einer Frau abhängig machen, und schon gar nicht von einer Phönizerin, die gar nicht aus Israel ist. Außerdem ist sie eine Witwe und hat folglich gar kein Geld. Nein!" Wie viele Christen gehen genauso mit dem Willen Gottes für ihr Leben um? Dabei wundern sie sich, dass kein Feuer vom Himmel fällt und der Regen nicht beginnt.

Wir müssen dem Willen Gottes gegenüber sensibel sein und uns Ihm unterordnen. Schon oft haben meine Frau und ich unsere Gedanken laut ausgesprochen: „Was wäre, wenn wir einfach nur in unserer lokalen Gemeinde blieben, wenn wir einfach diese ganzen internationalen Reisen vergessen würden und hier mit unseren Leitern, Mitarbeitern und allen Geschwistern zusammenarbeiten würden? Ich frage mich, ob sich dann dieses oder jenes Problem nicht ganz von alleine lösen würde." Selbstverständlich könnten wir in La Plata bleiben, aber wir wären ungehorsam. In der Folge würde das Feuer Gottes in *unserem eigenen* Leben verlöschen. Jedes Mal denke ich dann: „Herr, du hast mich zu den Nationen gerufen. Ich werde so lange gleichzeitig zu den Nationen gehen und Pastor sein, bis du sagst: *Genug*."

Wir müssen unseren Dienst für den Herrn ernst nehmen, und wir müssen unsere Hingabe an Ihn ernst nehmen. Mein Herz freut sich, wenn ich die erstaunliche Hingabe mancher Diener des Herrn betrachte. Die Zeit vergeht, und sie dienen Jahr um Jahr. Sie besitzen eine eiserne Stabilität und eine beständige innere Stärke. Sie verlassen ihre Berufung nicht, sie hängen den Dienst nicht an den Nagel, und sie wanken nicht. Sie folgen weiter dem Herrn. Elia war genauso.

Schritt 5: Wir müssen bereit sein, uns zu demütigen und zu bitten.

Wir lesen weiter über Elias Reise in 1. Könige 17,10:

> 1.Könige 17,10
> Und er machte sich auf und ging nach Zarpat. Und als er an das Tor der Stadt kam, siehe, da war eine Witwe, die las Holz auf. Und er rief ihr zu und sprach: Hole mir ein wenig Wasser im Gefäß, dass ich trinke! Und als sie hinging zu holen, rief er ihr nach und sprach: Bringe mir auch einen Bissen Brot mit!

Wir können hier also sehen, wie Elia nun nicht länger von direkten Wundern aus der Hand Gottes abhängig war. Er demütigte sich und sagte: „Liebe Frau Witwe, ich bin hier im Auftrag des Herrn. Könntest du mir etwas Wasser und Brot bringen?" Was für eine Schande. Dieser große Diener Gottes, der ganz Israel von seinem Götzendienst befreien wollte, bat jetzt eine hungernde Witwe darum, ihm etwas zu essen zu geben.

Wie oft kommt es vor, dass Armut selbst uns gar nicht betrifft, die Furcht vor Armut uns aber fast zerstört. Viele Menschen sind nicht daran zerbrochen, dass sie nicht genug zu essen hatten, sondern weil sie die Pläne Gottes in den Zeiten des Mangels nicht verstanden haben. Sie hätten überwunden und überlebt, wenn sie Gott weiter gefolgt wären. Auf die eine oder die andere Weise hätte Gott sich um alle ihre Nöte gekümmert.

Angst und Scham kommen daher, dass die Menschen Gottes Wege nicht verstehen, und viele brechen zusammen und geben auf. Sie haben nicht verstanden, dass wir bisweilen durch Zeiten der Trübsal, der Erprobung und der Kämpfe gehen müssen. Letzten Endes sagen sie sich dann: „Ich wechsle einfach zu einer anderen Religion.

Ich suche mir einen anderen Ort. Hier habe ich nicht genug zu essen; ich finde nicht genug Wasser. Ich gebe auf." Mit Gott voranzugehen ist eine Sache des Glaubens. Wenn wir durchgehen und unser Feuer und unseren Segen nicht verlieren wollen, dann müssen wir im Glauben gehen.

Es ging nicht darum, ob die Frau genügend Kleingeld für den Bus hatte oder die nächste Tankfüllung ihres Minibusses bezahlen konnte. Ihr Problem war sehr viel ernster. Sie lebte in einer Nation, die am Verhungern war. Es gab keinen Regen mehr.

Mitten in dieser Katastrophe kommt nun dieser Diener Gottes und bittet sie um etwas Brot und Wasser (von beidem gab es nicht besonders viel). Manchmal möchte Gott, dass wir uns direkt von Ihm abhängig machen, und zu anderen Zeiten von besonderen Umständen, die Er so fügt. Vielleicht wissen Sie nicht, wo Ihre nächste Mahlzeit oder Ihre nächste Tankfüllung herkommen soll. Oder Sie fragen sich gerade: „Was soll ich nur mit meinen Finanzen tun? Wie soll ich mit dem, was ich noch habe, bis zum Ende des Monats über die Runden kommen?" Machen Sie sich vom Herrn abhängig und davon, was Er Ihnen geben kann. Möglicherweise gibt Er Ihnen eine andere Arbeitsstelle. Oder Er will Ihnen auf eine andere Weise helfen. Vielleicht wird Er Ihnen jemanden über den Weg schicken, der sagt: „Hier, das ist für dich."

Gott ist dabei, ein neues Werk zu tun. Er möchte uns gebrauchen, aber wir müssen für Seine Gegenwart sensibel sein und das tun, was Er sagt. Elia sagte nicht: „Jetzt, wo ich kein Geld mehr habe, werde ich zu dieser oder jener Gemeinde gehen und um Unterstützung bitten." Nein! Der Herr sagte zu ihm: „Bitte diese Witwe; das ist die Frau, die dir geben wird, was du brauchst." Als Elia die Frau um etwas Brot bat, erwiderte sie:

> 1. Könige 17,12
> So wahr der Herr, dein Gott, lebt: ich habe nichts Gebackenes, nur eine Handvoll Mehl im Topf und ein wenig Öl im Krug. Und siehe, ich hab ein Scheit Holz oder zwei aufgelesen und gehe heim und will mir und meinem Sohn zurichten, dass wir essen – und sterben.

In welch einer Situation steckte sie da! Sie sagte: „Lieber Herr Prophet, ich möchte Sie wissen lassen, dass dies die letzte Mahlzeit für meinen Sohn und mich ist, und danach werden wir des Hungers sterben. Alles, was ich noch habe, ist eine Handvoll Mehl. Wir unternehmen noch diese letzte Anstrengung, es geschieht mit letzter Kraft. Das Unglück hat uns eingeholt." Sehen Sie, wie der Prophet antwortet:

> 1. Könige 17, 13-14
> Fürchte dich nicht! Geh hin und mach's wie du gesagt hast. Doch mache zuerst mir etwas Gebackenes davon und bringe mir's heraus; dir aber und deinem Sohn sollst du danach auch etwas bakken. Denn so spricht der Herr, der Gott Israels: Das Mehl im Topf soll nicht verzehrt werden, und dem Ölkrug soll nichts mangeln bis auf den Tag, an dem der Herr regnen lassen wird auf Erden.

Wenn Sie ein Pastor sind, dann weiß ich, wie schwierig es ist, ein Opfer zu erheben, wenn Sie wissen, dass die Menschen in finanziellen Problemen stecken. Bisweilen haben Sie vielleicht schon vorne gestanden und wollten aus Ihrer Trauer und Ihrem Schmerz heraus sagen: „Wie können wir dieses Werk, das uns der Herr gegeben hat, noch weiter vorantreiben? Wie können wir nur davon träumen, auszubauen, um dem Mangel zu begegnen?" Es ist so leicht, aufzugeben und allen Glauben fahren zu lassen, wenn die Dinge finanziell nicht möglich erscheinen.

Schritt 6: Bekämpfen Sie die Hoffnungslosigkeit und gebrauchen Sie Ihre Autorität für Wunder.

In Vers 12 lesen wir, dass diese Frau am Ende war und nur noch sterben wollte. Wenn Sie hinausgehen, um zu evangelisieren, und dann jemandem von der Liebe Gottes erzählen, dann sagt die betreffende Person vielleicht: „Ja, aber ich habe eine tödliche Krankheit." Sie spüren dann, wie Ihnen das Herz in die Hose rutscht und Sie fragen sich: „Wie soll ich denn mit dieser Person reden?"

Wir müssen mitten in unserer Schwäche neue Kraft schöpfen. Wir müssen Gott um Seine Kraft bitten, weil das Evangelium nicht vergänglich, sondern ewig ist. Es kann die gesamte Zukunft einer Person für alle Ewigkeit verändern. Haben Sie den Mut, für Heilung zu beten! Wir haben in unserer Gemeinde viele Menschen mit unglaublichen Heilungszeugnissen. Gott heilt heute noch!

Wenn Sie hinausgehen, um zu dienen, dann erwarten Sie ein Wunder. Wenn Sie bei Ihren Nachbarn an die Tür klopfen, um ihnen Zeugnis zu geben oder sie zum Gottesdienst einzuladen, dann erwarten Sie ein Wunder. Erwarten Sie, dass die Menschen durch die Kraft des Heiligen Geistes berührt werden.

Sie werden immer mit Entmutigung zu kämpfen haben, wenn Sie dem Herrn dienen wollen. Diejenigen, die nicht dienen wollen, haben auch nicht damit zu kämpfen. Aber alle, die Jesus Christus dienen *wollen*, werden gegen die Hoffnungslosigkeit dieser Welt kämpfen. Seien Sie achtsam, dass diese Hoffnungslosigkeit und Verzweiflung nicht Ihr Herz erfüllt.

Wenn Sie es zulassen, dass Verzweiflung Ihr Herz erfüllt, werden Sie eines Tages zu Ihrem Hauskreis gehen und sagen: „Wir machen hier alle keine besonders gute Figur. Was bringt es schon, so noch weiterzumachen?" Alle Gläubigen, Prediger, Anbeter und Fürbitter werden gegen dämonische Angriffe von Verzweiflung zu kämpfen haben, weil die Welt verzweifelt ist. Wollen Sie sich dem stellen?

Sie können sehen, wie die Witwe zu Elia sagt: „Es tut mir leid, ich kann dir nichts zu essen bringen, weil ich selber am Verhungern bin. Wie kannst du mich um etwas zu essen bitten?" Aber Sie können ebenso sehen, dass Elia nicht antwortet: „O, tut mir leid. Entschuldige meine Frage. Ich werde einfach wo anders klopfen, um zu sehen, ob sie mir dort etwas zu essen geben." Sondern er sagt zu ihr: „Fürchte dich nicht" (1. Könige 17,13). Wir brauchen Diener Gottes, die bereit sind, mit Autorität aufzustehen, und denen in Verzweiflung sagen: „Fürchtet euch nicht."

Elia hätte die Möglichkeit gehabt, die wunderbare Versorgung Gottes zu unterdrücken und sich in Depressionen, Enttäuschung und

Frustration fallen zu lassen. Eine Haltung zerschlagener Erwartungen hätte sofort jede Fähigkeit, Wunder zu tun, zunichte gemacht. Aber sein untergeordneter Geist half ihm, mit den Plänen Gottes zu kooperieren, anstatt ihnen zu widerstehen.

Gott ist dabei, Sie auf große Dinge vorzubereiten.
Sind Sie bereit, Wunder zu erwarten?

Gott ist dabei, Sie auf große Dinge vorzubereiten. Sind Sie bereit, in Unterordnung zu leben und belehrbar zu sein? Sind Sie bereit, Ihre Unabhängigkeit niederzulegen, und sich mit dem Leib Jesu verbinden zu lassen, wie noch nie zuvor?

Schritt 7: Legen Sie Selbstmitleid und Schicksalsergebenheit ab.

> 1. Könige 17,17
> Und nach diesen Geschichten wurde der Sohn seiner Hauswirtin krank, und seine Krankheit wurde so schwer, dass kein Odem mehr in ihm blieb.

Der Herr hatte bereits ein Wunder für diese Witwe getan, indem er jeden Tag für Elia und die Frau samt ihrer Familie sorgte. Wahrscheinlich entfuhr Elia ein Seufzer der Erleichterung, dass dieser Sieg bereits gewonnen war. Bevor er allerdings Gelegenheit zum Feiern bekam, musste dieser geduldige Prophet noch eine weitere Krise überstehen. Nach der göttlichen Versorgung zur Zeit des Hungers, wurde der Sohn der Witwe krank – und die Krankheit war so schwer, dass sein Atem stehen blieb.

Manche Menschen überstehen einen ersten Test, aber wenn sie dann von einem „doppelten Haken" getroffen werden, brechen sie zusammen. Ihre Theologie des ewigen Wohlstandes und Erfolges lässt keinen Raum für Zeiten anhaltender Prüfungen. Elia hatte ein anderes Trainingsprogramm durchlaufen. Seine Prüfungen waren schmerzhaft, aber sie konnten seinen Dienst nicht zerstören.

Betrachten Sie Vers 18. Er gehört mit zur Vorbereitung, die Gott für alle hat, die große Dinge für Ihn tun werden:

> Und sie sprach zu Elia: Was hab ich mit dir zu schaffen, du Mann Gottes? Du bist zu mir gekommen, dass meiner Sünde gedacht und mein Sohn getötet würde.

Das ist eine sehr schwierige Situation. Wie viele Hauskreisleiter, Pastoren oder sogar Eltern wären in einer solchen Situation am liebsten davongelaufen. Die Frau sagt Elia hier sie glaube, dass er nur zu ihr gekommen sei, um sie ins Unglück zu stürzen. Seien Sie vorsichtig mit Ihrem Herzen, Ihren Gefühlen und Ihrer Zuneigung. Bevor die große Erweckung kommt, wird der Teufel versuchen, uns emotional kaputt zu machen.

Während der Zeiten wiederkehrender Prüfungen habe ich schon manche Pastoren sagen hören: „Meine Gemeinde braucht mich nicht länger. Ich glaube, den Leuten würde es überhaupt ohne mich und meine Predigten besser gehen." Wenn Elia nicht vorbereitet gewesen wäre, dann wäre er in dieser Situation vielleicht geflohen. Er hätte auch sagen können: „Herr, ich kann dir nicht länger dienen. Das Maß ist voll. Du schickst mich zu armen Menschen. Du lässt eine ganze Nation hungern. Und nun komme ich in dieses Haus, und es sieht so aus, als ob ich ihnen nur Unglück bringe. Das Kind ist gestorben!"

Ich stelle Ihnen allen Ernstes die Frage: Sind Sie bereit, den Preis zu zahlen? Sind Sie bereit, fest zu stehen, selbst wenn alles um Sie herum zusammenbricht? Haben Sie wirklich diese Art von Glauben, der bestehen kann?

> 1. Könige 17, 19-24
> Er sprach zu ihr: Gib mir deinen Sohn! Und er nahm ihn von ihrem Schoß und ging hinauf ins Obergemach, wo er wohnte, und legte ihn auf sein Bett und rief den Herrn an und sprach: Herr, mein Gott, tust du sogar der Witwe, bei der ich Gast bin, so Böses an, dass du ihren Sohn tötest? Und er legte sich auf das Kind dreimal und rief den Herrn an und sprach: Herr, mein Gott, lass

sein Leben in dies Kind zurückkehren! Und der Herr erhörte die Stimme Elias, und das Leben kehrte in das Kind zurück, und es wurde wieder lebendig. Und Elia nahm das Kind und brachte es hinab vom Obergemach ins Haus und gab es seiner Mutter und sprach: Sieh da, dein Sohn lebt!
Und die Frau sprach zu Elia: Nun erkenne ich, dass du ein Mann Gottes bist, und des Herrn Wort in deinem Munde ist Wahrheit.

Sie können hier sehen, dass Elia sein persönliches Leid vor Gott beklagte und nicht vor der Frau. Warum hatte Gott all diese Dinge zugelassen? Ich glaube, weil er Elias völlige Abhängigkeit wollte. Können Sie sehen, wie Elias Glaube und Charakter in dieser Erfahrung zunehmen?

Genau zu diesem Zeitpunkt der Geschichte erschien Elia dann vor dem bösen König Ahab. Elia berief eine Versammlung des ganzen Volkes und bereitete den Altar vor. Dann fiel das Feuer Gottes. Israel bekehrte sich wieder zu seinem Gott und an einem einzigen Tag wurde die gesamte Religion eines ganzen Volkes verändert. Gott vernichtete die Baalspropheten, und dann fiel der Regen.

Sehnen Sie sich nach Erweckung?

Wie viele von Ihnen sehnen sich nach Erweckung in Ihrem Land? Gott will Sie gebrauchen. Ich weiß nicht, an welcher Stelle in dem ganzen Vorbereitungsprozess Sie gerade stehen. Vielleicht sträuben Sie sich noch gegen die Veränderungen. Oder Sie stehen an dem Punkt, wo Sie allein vom Herrn abhängig sein wollen, und nicht von irgendwelchen Geschwistern in Christus. Vielleicht fragen Sie nicht um Rat oder nehmen an keinen Gemeinschaftsgruppen teil. Möglicherweise haben Sie mit Verzweiflung und Chaos in Ihrer Familie zu kämpfen.

Was immer hier Ihr persönlicher Kampf ist, Jesus steht ganz in Ihrer Nähe und kann Ihnen Kraft geben. Er bereitet Sie und alle, die in Seiner Armee bleiben wollen, vor und rüstet sie zu. Er wird alle *die* in Seiner endzeitlichen Erweckung gebrauchen, die sagen: „Herr, du kannst auf mich zählen." Sind Sie bereit? Wollen Sie gebraucht werden?

Ich bete, dass dieselbe Kraft, die der Herr mir gegeben hat, auch in Ihr Leben strömt. Es ist der normal aufzugeben, aber wenn das Feuer des Heiligen Geistes auf das Leben eines Dieners fällt, dann gibt Gott ihm die Kraft, weiterzumachen und durchzugehen. Es ist dann wie Öl, das niemals versiegt; es vermehrt sich einfach immer weiter. Folgen Sie der Führung des Herrn. Wenn Er Ihnen einen Ortswechsel befiehlt, so wechseln Sie den Ort. Wenn Er Ihnen befiehlt zu gehen, so gehen Sie. Es ist so wunderbar, den Wegen des Herrn zu folgen. Es gibt nichts, das vergleichbar wäre.

Ich bete, dass der Herr dieses Wort in Ihrem Herzen versiegelt. Ich bete, dass er die Todesangst wegnimmt, mit der manche von Ihnen zu kämpfen haben, selbst jetzt, da Sie dieses Buch lesen. Ich bete, dass der Herr den innerlichen Schrei aus Ihrem Herzen entfernt, der besagt: „Herr, du lässt mich hängen!" Glauben Sie mir, meine Geschwister, der Herr lässt Sie nicht hängen, und Er kommt auch niemals zu spät.

Gott bereitet Sie vor. Er möchte eine Widerstandskraft in Sie hineinlegen, die Sie bisher noch nicht gekannt haben. Manche von Ihnen haben Dutzende an Dingen in Ihrem Leben begonnen und dann wieder abgebrochen. Genau jetzt möchte der Herr Sie treu, stark und fest machen, sodass Sie bis zum letzten Tag Ihres Lebens aufrecht stehen. Es ist mein Gebet, dass Sie weiter auf diesem herrlichen Weg wandeln, bis unser Herr Jesus Christus uns eines Tages zu sich holt.

Wenn Sie den Altar vorbereiten wollen, um das Feuer Gottes zu empfangen, dann beten Sie dieses Gebet laut und voller Glauben:

Herr, nimm alle Oberflächlichkeit aus meinem Leben, die meine ganze Hingabe an dich zerstört. Vater, mach mich stark in dir, wie noch nie zuvor in meinem Leben. Herr, hilf du mir, dass ich, sobald du mir befiehlst an das Westufer des Jordans zu gehen, auch wirklich an das Westufer des Jordans gehe. Wenn du mir einen Ortswechsel befiehlst, werde ich den Ort wechseln. Hilf mir, dorthin zu gehen, wo auch immer du mich haben möchtest, o Herr. Vater, ich bete, dass du mich für im-

mer gehorsam und deinem Willen und Wort untergeordnet machst. Amen.

Kapitel 13

Halten Sie das Feuer am Brennen!

Grillen und gutes Fleisch zu genießen, gehört zum ureigensten Wesen eines Argentiniers. Eine der am weitesten verbreiteten Geselligkeitsformen in Argentinien ist ein *asado*, ein Grillfest. Das erste interkulturelle Schockerlebnis, das Kathy und mir in unserer Ehe begegnete, ereignete sich auf unserer Hochzeitsreise. Wir waren übereingekommen, unsere erste gemeinsame Woche in einer Hütte im Yosemite National Park zu verbringen. An einem Nachmittag beschlossen wir, zum Abendessen zu grillen.

Ich begann, das Holz und die richtigen Späne zum Anzünden zusammenzusuchen. Ich hatte sogar einige Tannenzapfen gefunden. Kathy saß in meiner Nähe und beobachtete mich mit weit geöffneten Augen, während ich all die Dinge zusammensammelte, die wir für unser erstes gemeinsames Grillerlebnis als Mann und Frau benötigen würden. Ich glaube, sie hatte noch nie zuvor gesehen, wie Fleisch über einem Feuer gegrillt wurde, das nicht aus Holzkohlen und Grillanzünder bestand.

Können Sie sich mein unglaubliches Verlangen vorstellen, dieses Feuer, auf dem wir unser Fleisch grillen wollten in Gang zu bringen, um meine Frau von meinem Fleiß und Einfallsreichtum zu beeindrucken?

Nachdem ich alles sehr sorgfältig hergerichtet hatte, brannte auch in kürzester Zeit ein sehr schönes, knisterndes Feuer. Für mich ist es selbst heute noch eine persönliche Herausforderung, ein perfektes Lagerfeuer anzuzünden, wenn wir zum Grillen fahren.

Feuer, brenne hell!

Wenn das Feuer erst einmal brennt, pflege ich immer zu sagen: Nun ja, das war der schwierige Teil, jetzt kann ich mich ja entspannen." Aber ganz unweigerlich, sobald ich mich nur ein paar Minuten entferne, beginnt das Feuer, in sich zusammenzufallen und zu verlöschen. Genau das gleiche geschieht mit dem heiligen Feuer Gottes. Wenn wir auf diese kostbare Flamme nicht sorgfältig Acht geben, dann wird sie vernachlässigt. Im Folgenden stelle ich einige Richtlinien dar, die Ihnen helfen können, die Heiligkeit Gottes in Ihrem Leben am Brennen zu erhalten.

Glauben Sie an die Berufung Gottes zur absoluten Reinheit in Ihrem Leben!

Wenn Sie nicht an eine Berufung zur Reinheit glauben, dann befinden Sie sich in Gefahr. Satan wird Sie überzeugen, dass es schon in Ordnung ist, 1 % oder 2 % Sünde in seinem Leben zu haben. Er wird Ihnen einreden, dass Sie schließlich noch auf der Erde leben und man von Ihnen gar nicht erwarten kann, ein heiliges Leben zu führen. Wenn Sie es zulassen, wird der Teufel Sie täuschen.

Ich bete, dass der Herr Ihnen heute Überführung schenkt, und dass Ihr Denken erneuert wird. Ich bete, dass Sie von diesem Tag an bis Jesus wiederkommt jeder Art von Sünde den Krieg erklären. Sie müssen ein erbitterter Feind der Sünde werden. Sie müssen sie um jeden Preis bekämpfen.

Manche von Ihnen fürchten sich davor. Sie haben die Erfahrung gemacht, dass die, die gegen Unmoral predigen, letzten Endes selbst in Unmoral fallen. Teilweise stimmt das leider sogar, und vielleicht denken Sie jetzt, dass alle, die zu viel über Heiligkeit reden, irgendwann selbst in Sünde fallen. Aber Sie müssen ebenso wissen, dass viele derer, die gefallen sind, auch wieder herausgeholt wurden, und dass viele, die ihr Leben lang gegen Unmoral gepredigt haben, gar nicht erst gefallen sind. Erinnern Sie sich an Mose, an Elia, Elisa, Daniel und Jeremia? Sie predigten leidenschaftlich gegen Sünde und Götzendienst, und auch wenn sie bisweilen gestolpert sind, so sind sie doch treu geblieben.

Das Wort Gottes ist unser Beispiel; wir machen nicht die Erfahrung zu unserer Regel. Wie könnte unsere Erfahrung uns auch die richtige Antwort geben, wenn wir uns mit einem falschen Verständnis auf einem falschen Weg befunden haben? Das wäre ja so, als ob man einem Autodieb seinen Schlüssel in die Hand drücken würde und ihn bittet, doch eine Auge auf das Fahrzeug zu werfen, solange man beim Einkaufen ist. Wir können einer falschen Erfahrung genauso wenig vertrauen wie einem Autodieb.

Glauben Sie an die Prinzipien und Maßstäbe des Wortes Gottes? Sind Sie sicher, dass Jesus wirklich auf die Erde kam, dass Sein Leib nicht aus Plastik war, dass Er real war? Glauben Sie, dass Er Versuchungen und Hunger erduldete und doch niemals in Seinem Leben „ja" zur Sünde sagte? Wenn dem so ist, dann sind Sie auf dem richtigen Weg. Als Jesus vom Feind in Versuchung geführt wurde, sagte Er: „Satan, es steht geschrieben." Er bekämpfte die Sünde und das Böse mit dem Wort Gottes (vgl. Lukas 4). Sie können das Gleiche tun! Sie und ich sind dazu *berufen*, genau *das Gleiche* zu tun!

Christ bedeutet „ein kleiner Christus", ein Nachfolger Christi, ein Nachahmer Jesu Christi zu sein. Eines muss in unseren Herzen und Sinnen ganz klar sein: Wir sind zur absoluten Reinheit berufen wie unser Vorbild, Jesus Christus.

> 1. Thessalonicher 5,23 (Elberfelder Bibel)
> Er selbst aber, der Gott des Friedens, heilige euch völlig; und vollständig möge euer Geist und Seele und Leib untadelig bewahrt werden bei der Ankunft unseres Herrn Jesus Christus!

In diesem Vers geht es um die Kraft zur vollständigen und kompletten Heiligung. Unsere Heiligung muss vollständig sein, von Kopf bis Fuß. Jede Zelle unseres Körpers sollte durch das Wort Gottes geheiligt werden. Jeder Gedanke und jede Handlung soll von Jesus gereinigt werden.
Manche Menschen sagen: „Pastor, ich wünschte, ich könnte das tun, aber ich bin so schwach und schüchtern, und ich leide an so vielen Zweifeln." Aber:

> 1. Thessalonicher 5,24 (Elberfelder Bibel)
> Treu ist, der euch beruft; er wird es auch tun.

Die Anforderungen Gottes sind in diesem Jahrhundert nicht gesenkt worden. Gott erwartet von jedem einzelnen ein Leben in absoluter Reinheit. Sie können es Stolz nennen, Sie können es Maßlosigkeit nennen, Sie können es auch Extravaganz nennen. Aber die Bibel sagt: „Möge euer Geist und Seele und Leib untadelig bewahrt werden" (1. Thessalonicher 5,23; Elberfelder Bibel). Wenn Jesus wiederkehrt, soll Seine gesamte Gemeinde rein und voller Erwartung für Ihn bereit sein.

Um demütig zu bleiben, belassen einige Menschen ein wenig Sünde in ihrem Leben; sie wollen nicht zu heilig, zu rein oder zu geistlich werden. Lassen Sie mich Ihnen eine Frage stellen: Kann ein menschliches Wesen je zu rein vor einem heiligen Gott sein? Denken Sie, Gott würde sagen: „So kannst du nicht kommen, um zu beten. du bist zu rein. Sieh zu, dass du erst etwas Schmutz an dir verteilst, damit du wieder etwas menschlicher aussiehst. Und dann komm wieder!" Der Allmächtige Gott liebt uns, und Er sehnt sich danach, dass wir vollständig rein sind.

Wie können wir heilig werden? Der uns beruft, ist treu; Er wird es durch uns tun. Allein in der Kraft des Heiligen Geistes werden wir heilig.

Geben Sie das Feuer Gottes immer weiter!

Wenn Sie die Taufe mit dem Feuer Gottes empfangen und dann immer nur zu Hause herumsitzen und nichts damit tun, werden Sie das Ganze sehr schnell wieder verlieren. Warum ist das Tote Meer tot? Weil es Wasser aus allen möglichen Flüssen und Bächen aufnimmt, aber keinen Ausfluss hat. Das Wasser hat nur durch Verdunstung die Möglichkeit, das Meer zu verlassen (eigentlich ist es nur ein sehr großer See), und daher sammelt sich eine hohe Konzentration von Salz an. Das Wasser ist so salzhaltig, dass darin kein Fisch überleben kann. Nicht einmal Bäume wachsen an den Ufern.

Manche Christen sind wie das Tote Meer. Sie gehen zu den besten Konferenzen, sie empfangen und empfangen, und das Salz sammelt sich an. Aber anstatt das „Salz der Erde" zu sein (vgl. Matthäus 5,13), sind sie lediglich ihr eigenes Salz und häufen es immer weiter auf – mehr Bücher, mehr Kassetten, mehr Videos, mehr Wissen. Sie nehmen zu und wachsen, aber sie strecken sich überhaupt nicht nach außen aus.

Carlos Annacondia, der argentinische Evangelist, drückt das sehr schön aus: „Wenn wir die Salbung behalten wollen, müssen wir sie weitergeben." Jeder einzelne im Leib Jesu ist ein Diener des Evangeliums. Wir sind alle dazu berufen, ein ausgesondertes Volk Gottes zu sein, Diener des Herrn, des Allmächtigen.

Sie müssen verstehen, dass Heiligkeit kein Selbstzweck ist

Mein Freund und Mentor, Ed Silvoso, sagt uns, weshalb es völlig sinnlos ist, Heiligkeit als unser eigentliches Ziel zu verfolgen: „Wenn das einzige, was Gott von uns will, Heiligkeit wäre, dann könnten wir genauso gut hier und jetzt tot umfallen und bei Ihm im Himmel sein. Wir werden dort heiliger sein als irgendwo sonst!" Aber das Ziel ist eben nicht allein, heilig zu sein, sondern heilig zu sein, *damit* wir ein heiliges Volk, eine auserwählte Priesterschaft sein können. Wir sind ein besonderes Volk für Gott; wir sind ausgesondert. Wofür? Um den Lobpreis dessen zu *verkünden*, der uns aus der Finsternis zu Seinem wunderbaren Licht berufen hat (vgl. 1. Petrus 2,9).

In der Theologie der Heiligkeit finden wir zwei Hauptgesichtspunkte: Abgetrennt von der Welt, und ausgesondert, um Gott zu dienen. Die Trennung muss immer von einer Hingabe an den Dienst begleitet werden.

Ein siegreiches Leben als Christ zu führen bedeutet nicht, immer nur in der Defensive zu leben, sondern es bedeutet auch, bereit und zum Vormarsch gerüstet zu sein. Wir können kein Basketballspiel gewinnen, wenn wir immer nur in der Nähe unseres Korbes bleiben, um ihn zu schützen. Das beste Ergebnis, das wir mit einer solchen Taktik erzielen könnten, wäre ein 0-0 Unentschieden. Wir müssen an das andere Ende des Feldes laufen und ein paar Bälle im gegnerischen Korb versenken, um das Spiel zu gewinnen.

Die Taufe mit Feuer dient der Erfüllung des Missionsbefehls

Jeder Christ hat irgendwann einmal gehört, dass die Anweisung des Missionsbefehls lautet: „Gehet hin in alle Welt und predigt das Evangelium aller Kreatur" (Markus 16,15). Nichts kann uns besser helfen, diesen Auftrag schneller zu erfüllen, als die Taufe mit dem Feuer Gottes. Diese Taufe wird Ihre Leidenschaft für Gott und verlorene Seelen wiederherstellen. Wer seine Sünde hinauswirft und die Taufe im Heiligen Geist und mit Feuer empfängt, kommt an den

Punkt, wo es dem Herrn möglich ist, Sein Werk durch das Leben dieses Menschen zu tun.

Eine Erweckung, die auf den Missionsbefehl ausgerichtet ist, wird ein Segen sein, weil sie der Welt die Botschaft Jesu Christi bringt. Die Stelle in der Bibel, die als das höchste Gebot bekannt ist, befiehlt uns, (1) Gott zu lieben und (2) unseren Nächsten wie uns selbst (vgl. Matthäus 22,36–40). Je mehr wir Menschen lieben und für sie beten, desto mehr wird das Feuer in unserem eigenen Leben brennen.

Ich hätte das Feuer, das ich empfangen hatte, auch innerhalb weniger Tage wieder verlieren können. Aber der Herr eröffnete mir Gelegenheiten und Türen, um dieses Feuer mit anderen zu teilen, und wir haben die meisten davon genutzt. Wann immer wir die Gelegenheit hatten, sind meine Frau Kathy und ich durch diese Türen gegangen und haben den Menschen gedient, wo wir nur konnten.

Üben Sie sich darin, selbst zu evangelisieren!

Es ist so wunderbar, in einem Zug, Bus oder Flugzeug zu sitzen und zu erleben, wie der Herr unsere Pläne durchkreuzt. Sie haben sich vielleicht gerade auf ein Nickerchen eingestellt und sich selbst gesagt: „Ich bin so müde; diese Pause habe ich wirklich verdient." Aber dann drängt Sie der Heilige Geist, die Person neben Ihnen anzusprechen. Vielleicht versuchen Sie, mit dem Herrn zu handeln: „Kann ich nicht nach dem Nickerchen mit ihr reden?" Doch Sie spüren, wie die Liebe Jesu durch Ihr Herz fließt. Es ist nicht einfach nur ein Befehl. Sie suchen nach Gelegenheiten, und wenn Sie etwas schüchtern sind, dann beten Sie vielleicht: „Herr, lass sie fragen, welcher Religion ich angehöre, oder so etwas." Und endlich geschieht etwas und der Herr öffnet die Gelegenheit und Sie können das Gespräch beginnen.

Wie ich bereits an früherer Stelle erwähnt habe, sind in unserem Dienst Menschen schon in Taxis und Flugzeugen zu Jesus gekommen. In Argentinien ist es normal, sich im Alltag ein Taxi zu nehmen, denn sie sind recht kostengünstig (jedenfalls zu der Zeit, da ich dieses Buch schreibe!). Bisweilen sage ich mir dann: „Heute werde ich dem Taxifahrer kein Zeugnis geben, denn ich brauche diese kurze Ruhepause auf dem Weg zum Büro." Und dann beginnt die Liebe Gottes in mir zu fließen. Er liebt Menschen mehr, als wir dies jemals tun können. Bevor ich mir dessen so ganz bewusst bin, befinde ich mich innerhalb von zwei Minuten mitten in einer tiefgreifenden Unterhaltung über Jesus Christus.

Ich erinnere mich an einen jungen Taxifahrer, der mich einmal nach Hause fuhr. Als wir vor meinem Haus ankamen, schaltete er den Motor aus (sehr ungewöhnlich für einen Taxifahrer!) und fragte mich mitten auf der Straße, ob ich für ihn beten würde. Er nahm Jesus an, gerade dort, wo er in seinem Taxi saß!

Geben Sie das Feuer und den Segen,
den Sie empfangen, immer an andere weiter!

Vor einigen Jahren erinnerte mich der Herr daran, dass ich einem bestimmten Nachbarn noch nie Zeugnis gegeben hatte. Schließlich sagte ich: „Ich muss hinübergehen, um diesen Menschen Zeugnis zu geben." Also klingelte ich an der Türe, und eine Frau öffnete mir. Ich sagte: „Wissen Sie, was der Herr für mich getan hat? Die Kraft Gottes ist auf mich gekommen und ich fing an, unter Seiner mächtigen Salbung zu zittern." Sie und ich wissen ganz genau, dass Nichtchristen solche Dinge nicht verstehen.

Dennoch sagte sie: „Bitte, kommen Sie doch herein. Ich muss mehr davon hören." Sie rief ihren Töchtern zu: „Macht den Fernseher aus. Das müssen wir hören." Ich gab ihr etwa eine Stunde lang Zeugnis, und dort in ihrem Wohnzimmer nahm sie Jesus an.

Selbst wenn Sie im vollzeitigen Dienst stehen, dürfen Sie es nicht zulassen, dass Ihnen irgend etwas die Freude raubt, Menschen persönlich zu Christus zu führen. Ich kenne Leiter, die mir sagen: „Ich habe keine Zeit, einzelnen Menschen Zeugnis zu geben. Ich verbringe meine ganze Zeit damit, auf großen Konferenzen zu predigen." Der Herr möchte diese Art der Professionalität zerbrechen und uns daran erinnern, dass wir die Führung des Heiligen Geistes in jedem Moment unseres Lebens brauchen. Geben Sie das Feuer und den Segen, den Sie empfangen, immer an andere weiter. Hören Sie niemals damit auf.

Richten Sie Ihre Leidenschaft immer auf Gott aus – vergöttern Sie keine Methoden!

Einmal während dieser Zeit im Mai 1997, als der Herr mich derart in Seine Gegenwart gezogen hatte, begann Er darüber zu meinem Herzen zu sprechen, dass mir meine Methoden zu Götzen geworden waren. Danach sandte mich der Herr zu einigen Pastoren, um über Gemeindewachstum zu sprechen, und darüber, dass wir diese Methoden nicht missbrauchen dürfen. Ich fürchtete mich, darüber zu diesen Pastoren zu sprechen, denn ich lehre gerne über Gemeindewachstum. Aber der Herr zeigte mir, dass einige dieser Pastoren Gemeindewachstum zu ihrem Götzen gemacht hatten, so dass es zu ihrer Leidenschaft und wie eine Besessenheit geworden war. (Ich gebrauche den Ausdruck „etwas zu seinem Götzen machen" hier im Sinne von „übermäßiger Bewunderung".)

Ich lag auf meinen Knien und schrie zum Herrn: „O mein Gott, so viele von uns blicken auf Korea und das unglaubliche Gemeindewachstum, das es dort gibt. Wie kann ich zu diesen Gemeindeleitern gehen und ihnen sagen, sie müssen sich davor hüten, Gemeindewachstum zu ihrem Götzen zu machen?"

Wissen Sie, was der Herr zu meinem Herzen sprach? Er sagte: „Mein Sohn, das was ich in Korea getan habe, ist gar nichts im Vergleich zu dem, was ich in den kommenden Jahren noch auf der Erde tun werde."

Wir müssen nicht nur dem glauben, was Gott in der Vergangenheit getan hat, sondern auch dem, was Er in der Zukunft noch tun wird. Gott will die Erde mit der Erkenntnis Seiner Herrlichkeit erfüllen, so wie das Wasser das Meer bedeckt.

Göttliches Eingreifen vermag mehr als menschliche Methoden

Manche von Ihnen mögen jetzt denken: „Meine Gemeinde ist auf die doppelte Größe gewachsen, ohne jemals mit Feuer getauft worden zu sein." Aber können Sie sich vorstellen, was mit Ihrer bereits wachsenden Gemeinde geschehen würde, wenn sie dieses Feuer empfangen würde? Bitte, mein Freund, verkaufen Sie Ihr geistliches Erstgeburtsrecht nicht für einen Teller Linsensuppe! Tauschen Sie dieses Feuer nicht gegen ein nettes, beständiges Wachstum. Jagen

Sie beidem nach und erkennen Sie, dass eine echte Taufe mit Feuer echtes Wachstum hervorbringt. Setzen Sie die Gegenwart des Heiligen Geistes an die erste Stelle.

Normales Gemeindewachstum ist das Ergebnis davon, dass wir den Verlorenen in unserer Umgebung die gute Nachricht weitergeben. Es ist wunderbar und biblisch. Es ist das Gebot Gottes und wir sollten das auch weiterhin tun. Aber es gibt eben auch ein übernatürliches, explosives, von Wundern geprägtes Wachstum, das überall dort geschieht, wo der Heilige Geist und Feuer über eine Nation kommen. Es ist keine Methode, sondern eine Bewegung. Dann werden die Menschen in Ihrer Nachbarschaft sagen: „Habt ihr gesehen, was Gott mit diesen Christen tut?"

Geben Sie Ihre geistlichen Träume nicht auf!

Wie viele von uns träumen bereits seit Jahren von dem Tag, an dem die Bewegung Gottes so stark ist, dass Sie nur noch einen Schritt zurücktreten und Sein wunderbares Werk bestaunen können? Es ist ganz egal, was für Hindernisse oder Versagen Sie in Ihrer Vergangenheit durchgemacht haben. Es ist egal, ob Sie schüchtern oder furchtsam sind. Es ist egal, ob Sie in der Vergangenheit vielleicht ein Versager waren. Sie müssen an die Quelle gehen und dieses Feuer und die Autorität empfangen.

Wenn Sie sich nach diesem Feuer ausstrecken, dann müssen Sie so sein wie Jakob, der den Engel des Herrn bei den Füßen packte und sagte: „Ich lasse dich nicht, du segnest mich denn" (1. Mose 32,26). Sie müssen dem Herrn sagen: „Ich habe es satt, mich in meiner eigenen Kraft und Stärke abzurackern. Ich brauche die Kraft deines Geistes. Ich will im Geist leben, gefüllt sein mit dem Heiligen Geist und den Sinn Jesu Christi haben. Herr, verändere meinen Dienst!" Er wird es tun!

Gehen Sie bis ans Äußerste, wenn es um Heiligkeit geht!

Manche von Ihnen haben vielleicht nicht mit sexuellen Versuchungen zu kämpfen. Aber diejenigen von uns, die sehr menschlich sind, müssen sehr vorsichtig sein. Es kommt oft vor, wenn ich von einem wunderbaren langen Gottesdienst in mein Hotelzimmer komme, dass ich ziemlich ausgelaugt bin. Ich bin körperlich erschöpft und geschwächt. Ich weiß, dass ich in einem solchen Zustande der Müdigkeit kein besonders guter Kämpfer bin. Viele von Ihnen wissen was ich meine. Wir sind Menschen. Solange wir uns auf dieser Seite des Himmels befinden, sind wir verletzlich; unsere Kraft ist begrenzt.

Aufgrund dieser menschlichen Schwäche hat mir der Herr dabei geholfen, eine Angewohnheit zu entwickeln, die mir zum Segen geworden ist. Ganz egal, wo ich mich auf der Welt befinde, ist meine erste Handlung, sobald ich mein Hotelzimmer betreten und mein Gepäck abgestellt habe, die Türe zu schließen, mich niederzuknien und Gott zu bitten, das Hotelzimmer zu übernehmen. Ich bitte um Vergebung für alle Unzucht, Ehebruch, Unmoral oder Pornografie, die vor meiner Ankunft in diesem Raum stattgefunden hat. Dann stehe ich auf und befehle allen Dämonen, die zuvor ein Anrecht an diesem Raum hatten, zu verschwinden. Dieser Raum wird zum Haus Gottes, solange ich darin bin.

Dann nehme ich eines dieser großen Badetücher oder bisweilen auch ein Betttuch und decke damit den Fernseher ab. Da ich meist zwei Bibeln bei mir habe, eine Englische und eine Spanische, schlage ich eine auf und lege sie auf den Fernseher, der somit zu meinem Pult wird, an dem ich meine Botschaften vorbereite. Die Bibel sagt: „Flieht die Hurerei!" (1. Korinther 6,18). Das ist eine Art zu fliehen – ich weigere mich, fernzusehen, solange ich mich auf einer Konferenz befinde.

Als ich damit anfing, den Fernseher in meinem Hotelzimmer mit einem Tuch abzudecken, fühlte ich mich sehr gut. Ich dachte: „Ein Kampf weniger, den ich bestehen muss." Manche von Ihnen fragen sich jetzt vielleicht: „Warum tust du so etwas? Was ist denn so schlimm am Fernsehen?" Ich sage nicht, dass Fernsehen falsch ist. Aber Unmoral *ist* falsch und schlimm, und im Fernsehen gibt es viel Unmoral. Wenn ich erschöpft bin, ist es für mich sehr schwierig, die Fernbedienung unter Kontrolle zu halten. Ich traue mir selber nicht. Aber ich vertraue dem Herrn, und der Herr befiehlt mir, die Begierden der Jugend zu fliehen (vgl. 2. Timotheus 2,22). Deshalb halte ich mich vom Fernseher fern, wenn ich alleine bin. Bekämpfen Sie Unmoral mit allem, was Sie sind und haben; der Herr wird den Rest übernehmen.

Stellen Sie sicher, dass Sie Ihr Haus von allem gereinigt haben, was böse ist. Der Herr befiehlt uns, bis an Äußerste zu gehen, damit wir nicht in Sünde fallen. Für manche von Ihnen ist es vielleicht schwierig, die Privatsender in Ihrem Fernseher unter Kontrolle zu halten. Vielleicht haben Sie den Segen, viele gute Kanäle empfangen zu können, aber wenn Sie alleine sind, haben Sie keine Kontrolle mehr darüber, was Sie sich alles ansehen. Sie sagen sich immer wieder: „Ich werde mir das nicht mehr ansehen." Sobald Sie aber alleine sind, sehen Sie doch wieder die selben Dinge. Dann fühlen Sie sich so schuldig und so schmutzig – ich spreche hier von schlechten Sendungen, nicht von guten Sendungen.

Ich möchte Ihnen an dieser Stelle eine neue Version von Matthäus 5,29 vorstellen: Wenn das Kabelfernsehen Ihnen Anlass zur Sünde gibt, ist es besser, den Fernseher auszustecken und das Kabel abzumelden, und ohne Kabelanschluss in den Himmel zu kommen, als mit einer ganzen Fernsehanlage in die Hölle geworfen zu werden!

Entwickeln Sie einen neuen gottesfürchtigen Lebensstil!

Wir müssen unseren Lebensstil ändern. Es gibt Experten, die behaupten, man benötigt sechzehn Tage, um eine Angewohnheit zu verändern. Manche von Ihnen werden mindestens sechzehn Tage daran arbeiten müssen, eine klare Linie zu fahren, bis auch Ihr Fleisch die Botschaft begreift. Sie müssen sich festlegen, in Seiner Kraft der Gerechtigkeit, Reinheit und Heiligkeit nachzujagen – und es dabei wirklich ernst meinen! Solange unser Sinn noch nicht erneuert ist, bleiben die alten Weinschläuche bestehen. Wenn unser Sinn aber erneuert ist, dann kommen die neuen Schläuche, und der neue Wein wird in die neuen Weinschläuche gegossen.

In Hiob 31,1 steht: „Ich hatte einen Bund gemacht mit meinen Augen, dass ich nicht lüstern blickte auf eine Jungfrau." Wir müssen dasselbe tun.

Prediger, Lehrer, Evangelisten, Brüder und Schwestern (dies gilt besonders für Männer, kann aber auch auf Frauen zutreffen), wir müssen heute noch einen Bund mit unseren Augen schließen. Wir müssen unseren Augen befehlen: „Ihr werdet nie, aber auch niemals, lüstern auf eine Frau sehen." Wenn die Person, die Sie ansehen, wesentlich jünger ist als Sie, dann behandeln Sie sie, als wäre sie Ihre Tochter, und beten Sie wie ein Vater für sie. Wenn sie kein Christ ist, dann beten Sie für Ihre Errettung. Wenn sie eine Frau Ihres Alters ist, behandeln Sie sie wie eine Schwester und mit absoluter Reinheit. Wenn Sie keinen Glauben haben, dass Sie sich ohne Hilfe an einen solchen Bund halten können, dann suchen Sie sich einen Rechenschaftspartner, der für Sie betet und Sie unterstützt.

Wie ich bereits zuvor gesagt habe, niemand käme auf den Gedanken, eine Flasche mit der Aufschrift „98 % Mineralwasser, 2 % Abwasser" zu kaufen. Sie würden doch nicht überlegen: „O, großartig! Fast reines Mineralwasser. Ich denke, das nehme ich." Der Herr erwartet und verlangt 100 % Heiligkeit von uns.

Fliehen Sie die Unmoral!

Wenn Sie vor etwas oder vor jemandem davonlaufen, dann wird das nicht besonders würdevoll sein. Einmal, als ich gerade auf meinen Flug wartete, kam eine lächelnde junge Frau auf mich zu, um mich anzusprechen. Während sie sich näherte, beschloss ich, ihr Zeugnis zu geben. Aber dann geschah etwas ganz anderes. Während sie nämlich noch auf mich zukam, warnte mich der Heilige Geist: „Diese junge Frau habe ich nicht zu dir geschickt."

Die Furcht Gottes kam über mich. Vielleicht wäre „Panik" eher das richtige Wort dafür. Ich dachte: „Herr, ich will keine weitere Nummer der Ausfallstatistik in deinem Reich werden." Als sie sich bis auf wenige Meter genähert hatte, machte ich auf dem Absatz kehrt und floh buchstäblich in die entgegengesetzte Richtung. Sie dachte wahrscheinlich: „Was ist denn mit dem Typ los?" Aber um ganz ehrlich zu sein, ist es mir ziemlich egal, was sie dachte. Ich hatte das Gefühl, vor etwas zu fliehen, das sehr leicht zu einer zweideutigen Situation hätte führen können (vgl. 1. Mose 19,17; Jesaja

48,20; Jeremia 51,6; 1. Korinther 6,18; 1. Timotheus 6,11; 2. Timotheus 2,22).

Laufen Sie vor Unmoral davon, so wie es Joseph tat. Der Patriarch Joseph war fest entschlossen, keinen Ehebruch mit Potiphars Frau zu begehen. In der Folge beschuldigte sie ihn fälschlicherweise und er verlor seinen Job (vgl. 1. Mose 39). Manche von Ihnen können ebenfalls ihren Job verlieren, weil sie klar und eindeutig mit dem Herrn vorangehen. Vielleicht werden Sie einige Reichtümer dieser Welt einbüßen, wenn Sie sich weigern zu lügen oder unrechte Kompromisse zu machen. Machen Sie sich keine Sorgen, der Herr wird Sie belohnen, denn Er ist treu.

Wussten Sie, dass Sie auch als Single rein sein können? Der Herr wird Sie stärken. Wenn der Heilige Geist auf Sie kommt, werden Sie sehr stark sein. Dann werden Sie wissen: „Ich bin schwach, aber der Heilige Geist in mir ist stark." Die Ehe ist kein Heilmittel für Lüsternheit. Allein das Blut Jesu kann uns frei machen. Aber Sie benötigen ein Herz, das für absolute Reinheit bereit ist.

Halten Sie sich an gesalbte Menschen!

Wir sind so darauf bedacht, keinen Menschen zu vergöttern, dass wir bisweilen überhaupt nicht bereit sind, das zu empfangen, was uns andere zu geben haben. Wenn Sie jemanden in der Gemeinde kennen, in dem das Feuer Gottes brennt, dann halten Sie sich nahe zu dieser Person. Schließen Sie Freundschaft mit den Freunden des Bräutigams. Die Freunde des Bräutigams haben gefüllte Lampen und sind für den richtigen Moment bereit. Empfangen Sie von diesen Menschen und lassen Sie sich durch sie erneuern.

Es liegt so viel Kraft darin, wenn sich die Kinder Gottes in Einheit und gegenseitiger Unterstützung zusammenschließen. Wenn Sie sich verletzbar machen und von Ihm und anderen lernen, dann wird der Herr Ihr Leben segnen und Ihre Salbung wird zunehmen. Sie werden sie nicht verlieren. Wenn Sie das Gefühl haben, sie zu verlieren, dann wird einer Ihrer Freunde, vom Heiligen Geist geführt, kommen und fragen: „Wie geht es dir? Lass uns zusammen beten."

Wenn Sie in Seiner Reinheit wandeln wollen, dann nehmen Sie sich jetzt einen Augenblick Zeit und sprechen Sie dieses Gebet:

Gott, vergib mir, dass ich immer wieder von der Lehre der Heiligkeit abgewichen bin. Verändere mein Denken. Hilf mir zu glauben, dass Jesus auch für meine Heiligung gestorben ist. Herr, ich erkläre, dass ich in Reinheit leben kann, weil Jesus für meine Heiligung gesorgt hat. Herr, ich empfange die Gabe der Reinheit in jedem Bereich meines Lebens.

Der Herr setzt Sein Siegel auf Ihr Herz. Durch die Kraft des Heiligen Geistes versiegelt Er die Gewissheit, dass Sie und ich den Rest unseres Lebens in absoluter Reinheit wandeln werden. Manche Menschen sagen: „Pastor, was geschieht, wenn ich heute so bete und dann morgen wieder in Sünde falle?" Dann müssen Sie niederknien, wo auch immer Sie sich befinden und beten: „Herr, vergib mir und reinige mich." Wenn Sie das hundertmal am Tag tun müssen, dann tun Sie es hundertmal am Tag. Der Herr wird Sie von Ihrer Sünde reinigen. Er wird Ihnen den Sieg geben und einen Dienst, der von Seiner Kraft erfüllt ist.

Manche von Ihnen hegen ernstliche Zweifel, ob Sie überhaupt von Gott dazu bestimmt wurden, dieses Feuer zu empfangen. Vielleicht denken Sie: „Nun ja, ich bin schließlich nicht in Argentinien geboren (d.h. an einem Ort von anhaltender Erweckung). Vielleicht werde ich das Feuer gar nicht empfangen." Der Herr wird immer zu allen ja sagen, die Seinen Heiligen Geist und Sein Feuer empfangen wollen. Was ich habe, das will ich Ihnen geben. In diesem Moment, in dem ich diese Zeilen schreibe, bete ich, dass die Feuertaufe, die ich empfangen habe, auf jeden einzelnen von Ihnen fällt, der darum bittet und der sie wirklich haben will.

Gleichzeitig mit dem Feuer fällt nämlich auch die Verantwortung, Gott in Ihrer Stadt zu dienen. Sind Sie bereit? Wollen Sie das tun? Dann sprechen Sie bitte dieses Gebet:

Herr, ich verspreche dir, dieses Feuer zu gebrauchen, um den Armen, Bedürftigen und Kranken zu dienen; denen, die dich noch nicht kennen; meinen Freunden, Verwandten und meinen Feinden. Jesus, ich verspreche dir, dieses Feuer zur Herrlichkeit deines Namens zu gebrauchen und zum Bau deines Reiches. Amen, Amen und Amen.

Wir sind aus unserer Mittelmäßigkeit herausgenommen und sind dazu berufen, Helden für Jesus zu sein. Manche Menschen sehnen sich danach, dass der Herr etwas Großes tut, und dass Er dabei mit ihnen beginnt. Der Heilige Geist zeigte mir, dass wir unserem Stolz auf Originalität sterben müssen. Manche Menschen bemühen sich, eine Strategie zu finden, die ihr „Markenzeichen" ist und sich von allem anderen unterscheidet, und die deshalb nicht mit den Strategien anderer zusammenarbeiten wollen. Manche fragen sich beständig, warum sie keinen Sieg sehen. Ergreifen Sie einfach Jesus Christus, und Sie werden den Sieg erringen. Doch mit Stolz in Ihrem Herzen werden Sie niemals Erfolg haben. Seien Sie heilig!

Kapitel 14

Wie verzweifelt sehnen Sie sich nach dem Feuer?

Vor einiger Zeit wurde ich eingeladen, auf einer Konferenz im Ausland zu predigen. Eigentlich war ich gar nicht vorgesehen gewesen, dort zu sprechen, aber der ursprünglich eingeladene Prediger hatte die Organisatoren knapp vor dem Termin davon informiert, dass es ihm unmöglich sei zu kommen. Deshalb hatten sie mich angerufen und gefragt, ob ich für ihn einspringen könnte. Ich sagte zu, da mir der Herr in meinem Herzen die Bestätigung gegeben hatte, dass ich gehen sollte.

Aufgrund einer Verspätung meines Fluges kam ich gerade noch rechtzeitig zum Beginn des Gottesdienstes. Als ich das Gebäude betrat, wurde mir mitgeteilt, dass ich schon fast an der Reihe war zu predigen.

Aber die Leiter benötigten viel Zeit, um ihre Ansagen zu machen und noch wichtige Dinge zu organisieren, bevor sie mich schließlich als Sprecher der Konferenz begrüßten und vorstellten. Als ich dann aufstand, um meine Botschaft zu predigen, beugte sich der verantwortliche Leiter der Konferenz zu mir herüber, um mir das Mikrofon zu übergeben, und sagte dabei: „Bruder, du hast nur neun Minuten zum Predigen." Ich atmete einmal tief durch und entschloss mich, meine Botschaft so schnell wie möglich zu predigen. Die Leute sollten zumindest einen Teil meines Zeugnisses hören.

Ich hatte auch bemerkt, dass die Begrüßung nicht allzu herzlich ausgefallen war. Vielleicht waren die Besucher der Konferenz ein wenig enttäuscht, weil der ursprüngliche Prediger ausgefallen war. Sie kannten mich und meinen Dienst nur durch Empfehlung einiger Missionare. Auch wenn die Atmosphäre etwas kühl war, hatte der Herr an diesem Abend doch eine Überraschung für uns alle vorbereitet.

Vom Heiligen Geist unterbrochen

Sobald ich das Mikrofon übernommen hatte, begann ich, sehr schnell zu sprechen. Während ich redete, gab es jedoch jemanden, der noch lauter sprach als ich. Der Heilige Geist sprach zu meinem Herzen, auch wenn ich mich noch so abmühte, mit meiner Predigt in Schwung zu kommen. Er sprach sehr deutlich zu mir: „Hör sofort auf zu predigen." Ich hatte ziemlich mit dem zu kämpfen, was ich da hörte. Es schien mir fast, als würde ich mit dem Heiligen Geist diskutieren, während ich weiter versuchte zu predigen. Aber schließlich kam es soweit, dass ich mich nicht einmal mehr darauf konzentrieren konnte, was ich eigentlich sagen wollte.

Ich sagte: „Meine Geschwister, bitte vergebt mir, aber ich kann nicht weiterpredigen. Der Herr möchte hier etwas anderes tun." Das schwierigste bei der ganzen Sache war aber, dass ich keine Ahnung hatte, *was* der Herr tun wollte!

Ich bat die Gottesdienstbesucher, ins Gebet zu gehen. Dann sprach der Herr zu mir: „Rufe alle nach vorne, die ständig über den Tod nachdenken, die mit Selbstmordgedanken zu kämpfen haben oder die selbst während der Predigt andere Stimmen hören." Ich gehorchte sofort. Innerhalb von weniger als drei Minuten kamen etwa sechzig Menschen nach vorne. Bereits als die Menschen nach vorne kamen, war etwas im geistlichen Raum auf wunderbare Weise zerbrochen. Der Herr hatte in einem Augenblick eine Massenbefreiung durchgeführt, und die Herrlichkeit Gottes fiel an diesem Ort.

Sehr oft wollen wir Dinge so tun, wie wir es bereits gewohnt sind, aber der Heilige Geist will uns unterbrechen. An diesem Abend lernte ich, dass Er oft sagt: „Prediger, tritt mal einen Schritt beiseite. Ich möchte jetzt direkt mit diesen Menschen reden." Der Herr möchte mit uns über den Zerbruch unserer Religiosität reden – nicht den Zerbruch unseres Glaubens, aber unserer Religiosität.

Religiosität: Ein unreiner Geist

Religiosität ist ein unreiner Geist; es ist ein Geist, der sich über die Dinge Gottes lustig macht. Es ist ein Geist, der sich in vielen Gemeinden ausbreitet, um die echte Bewegung Gottes zu verspotten. Es ist ein Geist, der die Menschen in leeren Formen bindet.

Am zweiten Tag dieser Konferenz saßen mehrere einflussreiche Gemeindeleiter und bekannte Männer Gottes auf der Bühne. Ich war bei meiner Predigt an diesem Tag äußerst vorsichtig und respektvoll, und als ich dann den Aufruf machte, las ich Psalm 51 vor.

Als wir diesen Psalm gemeinsam lasen, kam die Herrlichkeit Gottes in solcher Kraft, dass ich nicht länger stehen konnte. Ich umklammerte das Pult, um mich Aufrechtzuhalten, aber es war nicht fest genug, und so fiel das ganze Gestell auf mich, als ich zu Boden stürzte. Sie können sich vorstellen, wie peinlich mir das Ganze war. Ich versuchte aufzustehen, war aber nicht dazu in der Lage.

Ich dachte: „Herr, warum passiert das immer mir?" Ich konnte die Füße des Superintendenten und anderer Würdenträger neben meinem Kopf sehen. Aber der Herr sprach zu mir: „Mein Sohn, bleibe, wo du bist. Ich gebrauche dich gerade, um den Geist der Religiosität über dieser Konferenz zu zerbrechen." Die Besucher der Konferenz begannen, einander um Vergebung zu bitten. Einige der Leiter auf der Bühne stiegen hinunter und begannen, die Menschen in der Versammlung zu umarmen und sie ganz demütig um Vergebung zu bitten. Es kam zu Buße und Vergebung für Bitterkeit und Verfehlungen zwischen Missionaren und nationalen Pastoren. Die Atmosphäre der gesamten Konferenz veränderte sich dramatisch, als die Herrlichkeit des Herrn auf uns fiel. An einem Abend wurde der Geist der Religiosität an diesem Ort zerbrochen, und Einheit und Freude konnten ungehindert fließen.

Der Glaube der kanaanäischen Frau

In Matthäus 15 steht die Geschichte der kanaanäischen Frau. Sie schien wirklich zur falschen Zeit am falschen Ort gewesen zu sein, und dennoch empfing sie ein mächtiges Wunder vom Herrn. Letzten Endes ging sie sogar als eine Frau großen Glaubens in die Geschichte ein. In Jeremia 29,13 wird der Glaube der kanaanäischen Frau vorhergesagt: „Ihr werdet mich suchen und finden, [...] wenn ihr mich von ganzem Herzen suchen werdet." Die vollständige Geschichte der kanaanäischen Frau wird in Matthäus 15,21–28 erzählt:

> Und Jesus ging weg von dort und zog sich zurück in die Gegend von Tyrus und Sidon. Und siehe, eine kanaanäische Frau kam

aus diesem Gebiet und schrie: „Ach Herr, du Sohn Davids, erbarme dich meiner! Meine Tochter wird von einem bösen Geist übel geplagt". Und er antwortete ihr kein Wort.
Da traten seine Jünger zu ihm, baten ihn und sprachen: „Lass sie doch gehen, denn sie schreit uns nach". Er antwortete aber und sprach: „Ich bin nur gesandt zu den verlorenen Schafen des Hauses Israel". Sie aber kam und fiel vor ihm nieder und sprach: „Herr, hilf mir"!
Er aber antwortete und sprach: „Es ist nicht recht, dass man den Kinder ihr Brot nehme und werfe es vor die Hunde". Sie sprach: „Ja Herr; aber doch fressen die Hunde von den Brosamen, die vom Tisch ihrer Herren fallen". Da antwortete Jesus und sprach zu ihr: „Frau, dein Glaube ist groß. Dir geschehe, wie du willst"! Und ihre Tochter wurde gesund zu derselben Stunde.

Wenn wir uns diese Stelle in Matthäus betrachten, dann sehen wir, dass die Jünger äußerst religiös waren, obwohl sie in der unmittelbaren Nähe Jesu waren. Sie hatten bereits ihre Regeln und Pläne. Jesus und Seine Jünger waren in das Gebiet nordwestlich von Judäa vorgedrungen, in das heidnische Gebiet von Tyrus. Jesus sehnte sich nach einer Zeit der Ruhe und Zurückgezogenheit. In der Parallelstelle im Markusevangelium heißt es, dass Jesus in ein Haus gegangen war, um sich zu verbergen und mit Seinen Jüngern allein zu sein (vgl. Markus 7,24). Es war keiner der Tage, an dem Er draußen den Menschenmengen diente, die sich regelmäßig um Ihn versammelten, um Seine Worte zu hören.

Der Versuch, ohne Empfehlungsschreiben hineinzukommen

Genau in diesem Moment der Ruhe kam eine kanaanäische Frau zu Jesus und bat Ihn um Hilfe. In diesem Moment sprach viel gegen sie. Zuallererst war sie eine Frau. Im Israel dieser Tage wurde von einer Frau erwartet, still zu schweigen und einen gebührenden Abstand zu bewahren. Zweitens war sie Kanaaniterin griechischer Abstammung. Sie war keines der Schafe Israel. Sie hatte nicht die nötigen Empfehlungen. Sie gehörte weder zu den Zwölfen, noch zu den Siebzig und noch nicht einmal zu den Fünfhundert. Sie hatte keinen Anteil am Volk Gottes.

Die Israeliten sahen auf alle herab, die nicht von ihrer Blutlinie oder Abstammung waren. Sie nannten alle anderen Völker und Nationen Heiden, und bisweilen nannten sie sie sogar Hunde! Sie sprachen von ihnen als gottlose Heiden, die Gott nicht kannten.

Dazu befand sie sich zum falschen Zeitpunkt am falschen Ort. Weder predigte Jesus gerade, noch veranstaltete Er eine große Evangelisation. Jesus hatte sich zurückgezogen. Es erübrigt sich also zu sagen, dass sich diese Frau in einer sehr ungünstigen Position befand, als sie all ihren Mut zusammennahm, um Jesus anzusprechen und um Seinen Segen zu bitten. Aber sie kam dennoch und schrie: „Herr, du Sohn Davids, erbarme dich meiner! Meine Tochter wird von einem bösen Geist übel geplagt" (Vers 22).

Ein Trauma verlangt nach einer Antwort

Wissen Sie, weshalb sie so schrie? Diese Frau hatte zu Hause ein schreckliches Problem. Ihre Tochter wurde fürchterlich von einem Dämon gequält. Es war deshalb so qualvoll, weil sie das Leiden ihrer Tochter spürte, aber nichts dagegen unternehmen konnte. Dann fand sie heraus, dass Jesus sich in der Nähe aufhielt. Wenn es in unserem Leben ein Trauma gibt, dann gebraucht es der Herr, damit wir zu Ihm schreien: „Herr, du Sohn Davids, erbarme dich meiner" – und Seine Gegenwart suchen. Manche Menschen werden sehr bitter und traurig, wenn sie durch Zeiten der Trübsal gehen. Aber Gott lässt manche dieser harten Zeiten zu, damit wir den Namen Jesu verherrlichen.

Manche denken: „Ich wünschte, ich wäre an einem anderen Ort oder in einer anderen Familie geboren worden." Andere glauben: „Wenn ich nur als Kind nicht so misshandelt worden wäre, dann wäre ich jetzt ein glücklicher Mensch." Sie haben ein beständiges Gefühl des Bedauerns und Klagens in ihrem Herzen darüber, wer sie sind, wo sie aufgewachsen sind, und wo sie hingehören. Aber sehen Sie sich einmal an, was diese Frau tat, als ein Sturm durch ihr Leben fegte. Sie kam zu Jesus und fing einfach an, die Regeln der Religiosität zu durchbrechen. Sie sagte nicht: „Der Herr ist Jude, und ich bin eine Heidin. Er wird nichts mit mir zu tun haben wollen." Sie kam zu Ihm, weil ihre Tochter litt.

Selbst wenn es Ihrer Familie gut geht, so leiden doch Ihre Nachbarschaft und Ihre Familie ganz fürchterlich unter den dämonischen Angriffen. Ganze Nationen befinden sich unter der Tyrannei Satans; der Herr möchte dies ein für alle Mal ändern.

Das Schweigen Gottes

Nachdem er das Problem dieser Frau gehört hatte, so berichtet uns die Bibel in Vers 23, sagte Jesus erst einmal gar nichts. Es ist so schwierig für uns, nur das Schweigen Gottes zu hören. Es ist, als nähmen wir ein Telefon, wählten eine Nummer, hörten die Stimme eines geliebten Menschen, der sagt: „Ja bitte?" und dann kommt nur noch Stille. Bisweilen zögert der Herr Seine Antwort hinaus, und Seine erste Antwort ist Schweigen.

Wenn Stolz in unserem Herzen ist, dann sind wir oft beleidigt, wenn der Himmel uns sein Ohr nicht zuwendet. Wir denken oft, Gott müsste uns sofort antworten. Manche von Ihnen haben vielleicht das Schweigen Gottes bereits erfahren. Diese Momente der Stille dienen dazu, die Herzen Seiner Kinder zu testen und zu prüfen, ob wir genügend Glauben haben, um ein Wunder zu empfangen. Auf das Schweigen Jesu hin haben sich viele bereits von Ihm zurückgezogen. Aber diese Frau kam zum Herrn und obwohl sie nichts hörte, war sie entschlossen, etwas vom Herrn zu empfangen.

Die Religiosität der Jünger

Zu allem Überfluss sagten die Jünger dann noch: „Lass sie doch gehen, denn sie schreit uns nach" (Matthäus 15,23). Wenn uns ein Geist der Religiosität gefangenhält, dann ist es so einfach, menschliches Leid zu vergessen! Hier sehen wir also die Jünger Jesu, wie sie sagen: „Herr, diese Frau kommt uns wirklich sehr ungelegen. Schick sie weg." Die Antwort, die Jesus der Frau dann gibt, ist noch schärfer und noch kälter.

Ich kann mir diese verzweifelte Frau geradezu vorstellen, wie sie ganz dicht vor Jesus steht und Ihm erwartungsvoll ins Gesicht schaut, um eine günstige Antwort zu erhalten. Sie wartet geduldig, ob die Jünger ihr erlauben, sich Jesus zu nähern. Er antwortet Seinen Jüngern und sagt ihnen: „Ich bin nur gesandt zu den verlorenen Schafen des Hauses Israel" (Matthäus 15,24). Um es anders zu formulieren, sagte Er: „Ich befinde mich zur Zeit nicht in Israel; Ich bin nicht bei meinem Volk. Außerdem gehört sie ohnehin nicht dazu. Ich kann mich jetzt nicht um sie kümmern."

Ich weiß, die kanaanäische Frau muss gesehen haben, was dort ablief und sie muss auch die Bemerkungen gehört haben. Sie wusste, dass sie nicht willkommen war. Sie fühlte sich verachtet und abgelehnt. Vielleicht wäre es an der Zeit gewesen, Jesus den Rücken zuzuwenden und bei irgendeiner anderen Religion nach der Antwort zu suchen. Aber da war etwas in dieser Frau, das ihr half, nicht aufzugeben und durchzugehen. Was hätten Sie an ihrer Stelle getan?

Ich kann mich jetzt nicht um dich kümmern

Viele Menschen sagen: „Herr, ich glaube an dich." Aber ihr Glaube hat eine Lebensdauer von fünfzehn Minuten. Da gibt es Menschen, die einfach aufgehört haben, an viele der Segnungen Gottes zu glauben – göttliche Heilung, die Taufe im Heiligen Geist, die Möglichkeit, dass Jesus Menschen von den Toten auferweckt, oder dass Gläubige für die Kranken beten können und sehen werden, wie sie ihre Krankenhausbetten verlassen. Ihr Glaube schwindet dahin, weil sie eines Tages den Herrn sagen hörten: „Ich bin nur gesandt zu den verlorenen Schafen des Hauses Israel." Wissen Sie, was Jesus mit der kanaanäischen Frau tat? Er prüfte ihr Herz.

Wir brauchen Glauben und Ausdauer

Verstehen Sie jetzt, dass es nicht genügt, einfach nur zu glauben? Die Frau wusste bereits ganz genau, dass Jesus die Macht hatte, ihre Tochter zu heilen. Sie hatte Glauben. Aber wir sehen in ihr ebenso die Ausdauer. Das Reich Gottes gehört den Gewalttätigen, und die Gewalttätigen reißen es an sich (vgl. Matthäus 11,12). Man benötigt eine gewisse Dreistigkeit des Glaubens, um ein Wunder von Gott zu empfangen.

Diese Geschichte der Ausdauer kommt in der ganzen Bibel immer wieder vor. In Lukas 8,43–48 lesen wir von der blutflüssigen Frau. Sie hatte zwölf Jahre lang an Blutungen gelitten und all ihr Vermögen darauf verwendet, Hilfe zu finden. Sie war körperlich, emotional und finanziell ruiniert. Wahrscheinlich hatte sie sich gesagt: „Wenn ich nur den Saum seines Gewandes berühren könnte, dann weiß ich, ich würde gesund." Unter großen Schwierigkeiten und Anstrengungen schob und drängte sie sich durch die Menschenmenge, bis sie Jesus erreichte und Sein Gewand berühren konnte. Im selben Augenblick wurde sie geheilt. Ihre Ausdauer, verbunden mit Glauben, ließ ihre Heilung in Existenz kommen.

Seien Sie nicht gleich beleidigt

Betrachten Sie die Antwort Jesu, als die kanaanäische Frau sagte: „Herr hilf mir!" Er sagte: „Es ist nicht recht, dass man den Kindern ihr Brot nehme und werfe es vor die Hunde" (Matthäus 15,26). Was hätten Sie in dieser Situation getan? Manche wären wahrscheinlich an diesem Abend tief beleidigt nach Hause zurückgekehrt. Ich habe schon viele Menschen getroffen, die sich von Gott beleidigt gefühlt hatten. Sie sagen dann: „Gott liebt mich nicht. Ich suche Gott, und Er gibt immer den anderen, aber ich bekomme nie etwas." Könnte es sein, dass Gott Ihren Glauben und Ihre Ausdauer testet?

Die Antwort Jesu kam sehr krass: „Es ist nicht fair, die Wunder, die ich für das Volk Israel habe, zu nehmen, und sie einer Fremden wie dir zu geben." Mein Bruder und meine Schwester, wenn Sie ein Wunder von Gott erwarten, dann weichen Sie nicht zurück. Wenn Sie davon sprechen, Ihre Nation für Gott „einzunehmen", dann wird sie von Menschen eingenommen, die sagen: „Dieses Land wird ein gesegnetes Land sein. Jeder Winkel dieses Landes wird die Gegenwart Gottes spüren!"

Wenn Sie auf eine große Ernte warten, dann streben Sie nach etwas sehr Gutem! Aber zuerst müssen Sie sich von der Gegenwart Gottes tränken lassen. Wie die kanaanäische Frau müssen Sie zum

Meister kommen und Ihm sagen: „Meister, ich gebe nicht auf. Ich bin gekommen, um ein Wunder von dir zu empfangen, und hier bin ich. Ich suche, bitte und flehe." Bisweilen wird die Antwort Gottes für unseren Geschmack sehr scharf ausfallen. Die kanaanäische Frau hatte Glauben und Ausdauer, und dennoch gab ihr der Herr eine sehr scharfe Antwort.

Manche von Ihnen haben bereits ein sehr schmerzhaftes religiöses Trauma durchgemacht. Vielleicht hat ein Pastor oder jemand in geistlicher Leiterschaft an Ihnen versagt, und Sie sind darüber bitter geworden. Seit dieser Zeit ist Ihr Leben nicht mehr voll Feuer des Heiligen Geistes gewesen. Sie haben angefangen, sich zu verschließen, haben das Feuer ausgelöscht, weil Sie nicht vergeben konnten.

Demut, die Eigenschaft eines Siegers

Die kanaanäische Frau hätte allen Grund gehabt, an diesem Tag in Selbstmitleid zu versinken. Sie hätte nach Hause zurückkehren und sagen können: „Ich bin tief beleidigt und werde jetzt zu Hause bleiben. Man bedenke nur, was der Lehrer aus Nazareth zu mir gesagt hat. Ich werde mich nach einer anderen Religion umsehen." Aber hören Sie ihre Antwort an den Meister:

> Matthäus 15,27
> Ja, Herr; aber doch fressen die Hunde von den Brosamen, die vom Tisch ihrer Herren fallen.

Zu dieser Zeit war es nicht ungewöhnlich, dass die Hunde das fraßen, was vom Tisch gefallen war. Ihre Herren erlaubten ihnen nicht, direkt vom Tisch zu fressen, aber sie durften alles fressen, was auf den Boden gefallen war. Die Frau sagte: „Herr, und selbst wenn es nur die Krumen sind, bitte gib sie mir. Ich bin sogar mit den Brosamen eines Wunders zufrieden, wenn es nur dazu hilft, dass es meiner Tochter besser geht." Wir sollten sagen: „Herr, selbst wenn ich nicht in der ersten Reihe sitzen kann, werde ich doch alles ergreifen, was du mir gibst, und wenn es in der hintersten Reihe ist. Wenn du mich nicht zum Haupteingang hineinlässt, dann werde ich eben auf dem Gehsteig warten oder auf dem Parkplatz. Ich will alles empfangen, was du für mich hast."

Diese Frau hatte nicht nur Glauben und Ausdauer, sie hatte auch noch Demut. Sie hielt durch und der Herr antwortete ihr: „Frau, dein Glaube ist groß. Dir geschehe, wie du willst!" (Matthäus 15,28). Wir alle wünschen uns, diese Worte vom Herrn zu hören. Aber bevor Er diese Worte zu uns sagen kann, muss es eine Zerbrochenheit in unserem Leben geben, und wir müssen allem Stolz und allem falschen Selbstvertrauen absagen. Wir müssen alle unsere eigenen Pläne, Vorhaben und unseren persönlichen Ehrgeiz niederlegen. Wenn wir zu Jesus kommen, knien wir vor Ihm nieder und sagen: „Herr, ich weiß, du kannst es tun, ganz egal, wie viel mir hier noch entgegensteht. Ich weiß, du bist der Gott der Wunder tut."

Wenn Sie Sein heiliges Feuer empfangen wollen,
dann müssen Sie bereit sein, sich verändern zu lassen.

Um Seinen Segen und Sein Feuer zu empfangen, müssen Sie bereit sein, sich einer Veränderung zu unterziehen. Die Strategie Gottes liegt in der Veränderung der Veränderten. Deshalb dürfen Sie, auch wenn Sie bereits verändert wurden, nicht denken, die Botschaft dieses Buches sei nichts für Sie. Gott möchte Sie erneut verändern. Er verändert alle, die bereits verändert wurden. Wenn Ihr Leben bereits durch eine ganze Reihe von Veränderungen gegangen ist, dann möchte ich gerade Ihnen sagen, der Heilige Geist ist noch fertig mit Ihnen. Er will uns verändern und immer weiter verändern, bis wir zum vollen Maß der Fülle Christi gewachsen sind (vgl. Epheser 4,13). Es ist unser Ziel, so zu werden wie Jesus. Auch wenn Sie noch nicht so weit sind, so sollten Sie und ich Ihm doch jeden Tag ein Stück ähnlicher werden.

Möchten Sie ein Rezept wie Sie von Gott empfangen können? Hier ist das Rezept der Bibel: Glaube, Ausdauer und Demut. Wollen Sie ein Wunder Gottes in Ihrer Gemeinde sehen? Wollen Sie sehen wie sich Hunderte von Menschen zu Jesus bekehren? Wollen Sie eine mächtige Bewegung Gottes in Ihrer Stadt sehen? Ganz egal welches evangelistische Programm Sie wählen, an erster und wichtigster Stelle müssen Sie die Gegenwart Gottes mit Glauben, Ausdauer und Demut suchen.

Drei dynamische Dimensionen

Die Gemeinde hat alle Möglichkeiten, den Planeten Erde mit dem Evangelium zu durchdringen. Aber es gibt eine Sache, die die Gemeinde weltweit davon abhält, die Nationen mit größerer Macht zu beeinflussen, als wir es gegenwärtig sehen. Es liegt *nicht* an einem Mangel an Ressourcen. Die Urgemeinde hatte viel weniger als wir heute. Es liegt auch nicht an einem Mangel an Technologie. Aber es könnte sehr wohl an dem partiellen „Heiligkeitssyndrom" liegen, das gleichbedeutend ist mit dem partiellen „Sündhaftigkeitssyndrom" der Gemeinde.

Wir sehen heute in der Gemeinde eine neue Ausgießung des Heiligen Geistes. Nichts wird den Anliegen des Missionsbefehls dienlicher sein als das Feuer Gottes mit seiner Reinheit, Kraft und Leidenschaft für Seelen.

Ich möchte Ihnen drei Dimensionen vorschlagen, in denen wir unser Leben in der Fülle und Kraft des Heiligen Geistes führen können:

Zuerst müssen Sie *das Feuer erstreben*. Machen Sie es zu einem lebenslangen Abenteuer, Gott zu suchen.

Zweitens müssen Sie *das Feuer weitergeben*. Während Sie Ihn weiterhin suchen, erlauben Sie dem Heiligen Geist, in Macht auf Sie zu kommen. Sie können das nicht selbst hervorbringen, aber Sie können in der ständigen Bereitschaft leben, damit es geschehen kann. Es ist Gott unmöglich, Ihnen Seinen Heiligen Geist zu verweigern, wenn Sie ernstlich auf Ihn warten. Sobald Sie das Feuer Seiner Heiligkeit empfangen haben, geben Sie es an andere weiter. Tun Sie alles Gute, das in Ihren Möglichkeiten steht. Lernen Sie erneut, in der Kraft des Heiligen Geistes zu dienen.

Letztlich müssen Sie *vom Feuer getrieben* werden. Sie müssen an den Punkt kommen, an dem Sie Gott derart hingegeben sind, dass Er keinen Widerstand mehr in Ihnen findet. Das Feuer Gottes wird Sie leiten, und Sie werden spüren, wie Sie vom Heiligen Geist geführt und von Seiner Kraft getragen werden. Diese Reife wird nicht von alleine kommen. Sie ist kein Vorfall, sondern vielmehr eine Beziehung und ein lebenslanger Prozess. Auf einer solchen Ebene der Herrlichkeit zu leben ist gewiss überwältigend. Auf der anderen Seite handelt es sich dabei aber um keine geistliche Extravaganz; sondern es handelt sich um einen gesunden christlichen Lebensstil und um eine intime Freundschaftsbeziehung mit Gott.

Wenn Sie ein solches Leben führen, werden Sie nicht nur dem Bösen sterben, sondern auch manchen guten Dingen. Wenn Sie Gott alles geben, dann behalten Sie im Gedächtnis, dass alles, was Sie im Leben genießen, eine Gabe von Ihm ist – Ihre Zukunft, Ihre Karriere und Ihr Dienst müssen unveränderlich auf dem Altar der Hingabe bleiben.

ANHANG

Schriftstellen, die uns helfen, in Reinheit zu leben

1. Mose 17,1
Als nun Abram neunundneunzig Jahre alt war, erschien ihm der Herr und sprach zu ihm: Ich bin der allmächtige Gott; wandle vor mir und sei fromm.

3. Mose 10,10
Ihr sollt unterscheiden, was heilig und unheilig, was unrein und rein ist.

3. Mose 11,45
Denn ich bin der Herr, der euch aus Ägyptenland geführt hat, dass ich euer Gott sei. Darum sollt ihr heilig sein, denn ich bin heilig.

3. Mose 20,26
Darum sollt ihr mir heilig sein; denn ich, der Herr, bin heilig, der euch abgesondert hat von den Völkern, dass ihr mein wäret.

5. Mose 18,13
Du aber sollst untadelig sein vor dem Herrn, deinem Gott.

5. Mose 23,15
Denn der Herr, dein Gott, zieht mit dir inmitten deines Lagers, um dich zu erretten und deine Feinde vor dir dahinzugeben. Darum soll dein Lager heilig sein, dass nichts Schändliches unter dir gesehen werde und er sich von dir wende.

2. Samuel 22,26–27
Gegen die Heiligen bist du heilig, gegen die Treuen bist du treu, gegen die Reinen bist du rein, und gegen die Verkehrten bist du verkehrt.

Psalm 15,1–3

Herr, wer darf weilen in deinem Zelt? Wer darf wohnen auf deinem heiligen Berge? Wer untadelig lebt und tut, was recht ist, und die Wahrheit redet von Herzen, wer mit seiner Zunge nicht verleumdet, wer seinem Nächsten nichts Arges tut und seinen Nachbarn nicht schmäht.

Psalm 84,12

Denn Gott der Herr ist Sonne und Schild; der Herr gibt Gnade und Ehre. Er wird kein Gutes mangeln lassen den Frommen.

Psalm 101,2

Ich handle umsichtig und redlich, dass du mögest zu mir kommen; ich wandle mit redlichem Herzen in meinem Hause.

Psalm 119,1–4

Wohl denen, die ohne Tadel leben, die im Gesetz des Herrn wandeln! Wohl denen, die sich an seine Mahnungen halten, die ihn von ganzem Herzen suchen, die auf seinen Wegen wandeln und kein Unrecht tun. Du hast geboten, fleißig zu halten deine Befehle.

Psalm 119,9

Wie wird ein junger Mann seinen Weg unsträflich gehen? Wenn er sich hält an deine Worte.

Jesaja 35,8

Und es wird dort eine Bahn sein, die der heilige Weg heißen wird. Kein Unreiner darf ihn betreten; nur sie werden auf ihm gehen; auch die Toren dürfen nicht darauf umherirren.

Hesekiel 44,23

Und sie sollen mein Volk lehren, dass es zu unterscheiden wisse zwischen Heiligem und Unheiligem und zwischen Reinem und Unreinem.

Daniel 11,35
Und einige von den Verständigen werden fallen, damit viele bewährt, rein und lauter werden für die Zeit des Endes; denn es geht ja um eine befristete Zeit.

Daniel 12,10
Viele werden gereinigt, geläutert und geprüft werden.

Matthäus 5,48
Darum sollt ihr vollkommen sein, wie euer Vater im Himmel vollkommen ist.

Matthäus 19,21–22
Jesus antwortete ihm: Willst du vollkommen sein, so geh hin, verkaufe, was du hast, und gib's den Armen, so wirst du einen Schatz im Himmel haben; und komm und folge mir nach! Als der Jüngling das Wort hörte, ging er betrübt davon; denn er hatte viele Güter.

Römer 6,19
Wie ihr eure Glieder hingegeben hattet an den Dienst der Unreinheit und Ungerechtigkeit zu immer neuer Ungerechtigkeit, so gebt nun eure Glieder hin an den Dienst der Gerechtigkeit, dass sie heilig werden.

Römer 12,2
Und stellt euch nicht dieser Welt gleich, sondert ändert euch durch Erneuerung eures Sinnes, damit ihr prüfen könnt, was Gottes Wille ist, nämlich das Gute und Wohlgefällige und Vollkommene.

1. Korinther 1,8
Der wird euch auch fest erhalten bis ans Ende, dass ihr untadelig seid am Tag unseres Herrn Jesus Christus.

1. Korinther 1,30
Durch ihn aber seid ihr in Christus Jesus, der uns von Gott ge-

macht ist zur Weisheit und zur Gerechtigkeit und zur Heiligung und zur Erlösung.

2. Korinther 5,15
Darum ist er für alle gestorben, damit, die da leben, hinfort nicht sich selbst leben, sondern dem, der für sie gestorben und auferstanden ist.

2. Korinther 13,11
Zuletzt, liebe Brüder, freut euch, lasst euch zurecht bringen, lasst euch mahnen, habt einerlei Sinn, haltet Frieden! So wird der Gott der Liebe und des Friedens mit euch sein.

Epheser 1,4
Denn in ihm hat er uns erwählt, ehe der Welt Grund gelegt war, dass wir heilig und untadelig vor ihm sein sollten.

Epheser 5,1
So folgt nun Gottes Beispiel als die geliebten Kinder.

Epheser 5,26–27
Um sie zu heiligen. Er hat sie gereinigt durch das Wasserbad im Wort, damit er sie vor sich stelle als eine Gemeinde, die herrlich sei und keine Flecken oder Runzel oder etwas dergleichen habe, sondern die heilig und untadelig sei.

Philipper 1,9–10
Und ich bete darum, dass eure Liebe immer noch reicher werde an Erkenntnis und aller Erfahrung, so dass ihr prüfen könnt, was das Beste sei, damit ihr lauter und unanstößig seid für den Tag Christi.

Philipper 2,15
Damit ihr ohne Tadel und lauter seid, Gottes Kinder, ohne Makel mitten unter einem verdorbenen und verkehrten Geschlecht, unter dem ihr scheint als Lichter in der Welt.

Philipper 3,12
Nicht, dass ich's schon ergriffen habe oder schon vollkommen sei; ich jage ihm aber nach, ob ich's wohl ergreifen könnte, weil ich von Jesus Christus ergriffen bin.

Kolosser 1,22
Hat er nun versöhnt durch den Tod seines sterblichen Leibes, damit er euch heilig und untadelig und makellos vor sein Angesicht stelle.

Kolosser 1,28
Den verkündigen wir und ermahnen alle Menschen und lehren alle Menschen in aller Weisheit, damit wir einen jeden Menschen in Christus vollkommen machen.

1. Thessalonicher 4,4–5
Dass jeder von euch seine eigene Frau zu gewinnen suche in Heiligkeit und Ehrerbietung, nicht in gieriger Lust wie die Heiden, die von Gott nichts wissen.

1. Thessalonicher 4,7
Denn Gott hat uns nicht berufen zur Unreinheit, sondern zur Heiligung.

1. Thessalonicher 5,22–23
Meidet das Böse in jeder Gestalt. Er aber, der Gott des Friedens, heilige euch durch und durch und bewahre euren Geist samt Seele und Leib unversehrt, untadelig für die Ankunft unseres Herrn Jesus Christus.

1. Timotheus 2,8
So will ich nun, dass die Männer beten an allen Orten und aufheben heilige Hände ohne Zorn und Zweifel.

1. Timotheus 5,22
Halte dich selber rein!

1. Timotheus 4,12
Niemand verachte dich wegen deiner Jugend, du aber sei den Gläubigen ein Vorbild... im Glauben, in der Reinheit.

2. Timotheus 2,20–22
In einem großen Haus aber sind nicht allein goldene und silberne Gefäße, sondern auch hölzerne und irdene, die einen zu ehrenvollem, die anderen zu nicht ehrenvollem Gebrauch. Wenn nun jemand sich reinigt, der wird ein Gefäß sein zu ehrenvollem Gebrauch, geheiligt, für den Hausherrn brauchbar und zu allem guten Werk bereitet. Fliehe die Begierden der Jugend! Jage aber nach der Gerechtigkeit, dem Glauben, der Liebe, dem Frieden mit allen, die den Herrn anrufen aus reinem Herzen.

Titus 1, 6–7
Wenn einer untadelig ist... Denn ein Bischof soll untadelig sein, als ein Haushalter Gottes.

Titus 2,12
Es nimmt uns in Zucht, dass wir absagen dem ungöttlichen Wesen und den weltlichen Begierden und besonnen, gerecht und fromm in dieser Welt leben.

Hebräer 10,22
So lasst uns hinzutreten mit wahrhaftigem Herzen in vollkommenem Glauben, besprengt in unserem Herzen und los von dem bösen Gewissen und gewaschen am Leib mit reinem Wasser.

Hebräer 12,14
Jagt dem Frieden nach mit jedermann und der Heiligung, ohne die niemand den Herrn sehen wird.

Hebräer 13,18
Betet für uns. Unser Trost ist, dass wir ein gutes Gewissen haben und wir wollen in allen Dingen ein ordentliches Leben führen.

Hebräer 12,10
Denn jene haben uns gezüchtigt für wenige Tage nach ihrem Gutdünken, dieser aber tut es zu unserem Besten, damit wir an seiner Heiligkeit Anteil erlangen.

Jakobus 1,27
Ein reiner und unbefleckter Gottesdienst vor Gott, dem Vater, ist der: die Waisen und Witwen in ihrer Trübsal besuchen und sich selbst von der Welt unbefleckt halten.

1. Petrus 1,15
Sondern wie der, der euch berufen hat, heilig ist, sollt auch ihr heilig sein in eurem ganzen Wandel.

1. Petrus 1,16
Ihr sollt heilig sein, denn ich bin heilig.

1. Petrus 2,9
Ihr aber seid das auserwählte Geschlecht, die königliche Priesterschaft, das heilige Volk, das Volk des Eigentums, dass ihr verkündigen sollt, die Wohltaten dessen, der euch berufen hat von der Finsternis zu seinem wunderbaren Licht.

1. Petrus 2,12
Und führt ein rechtschaffenes Leben unter den Heiden, damit die, die euch verleumden als Übeltäter, eure guten Werke sehen und Gott preisen am Tag der Heimsuchung.

2. Petrus 3,11
Wenn nun das alles so zergehen wird, wie müsst ihr dann dastehen in heiligem Wandel und frommem Wesen.

2. Petrus 2,20
Denn wenn sie durch die Erkenntnis unseres Herrn und Heilandes Jesus Christus entflohen sind dem Unrat der Welt, werden aber

wiederum in diesen verstrickt und von ihm überwunden, dann ist's mit ihnen am Ende ärger geworden als vorher.

2. Petrus 1,4
Die ihr entronnen seid der verderblichen Begierde in der Welt.

2. Petrus 3,14
Darum, meine Lieben, während ihr darauf wartet, seid bemüht, dass ihr vor ihm unbefleckt und untadelig im Frieden befunden werdet.

1. Johannes 2,6
Wer sagt, dass er in ihm bleibt, der soll auch leben, wie er gelebt hat.

1. Johannes 2,15
Habt nicht lieb die Welt, noch was in der Welt ist.

1. Johannes 3,3
Und ein jeder, der solche Hoffnung auf ihn hat, der reinigt sich, wie auch jener rein ist.

1. Johannes 3,6
Wer in ihm bleibt, der sündigt nicht; wer sündigt, der hat ihn nicht gesehen und nicht erkannt.

1. Johannes 3, 9
Wer aus Gott geboren ist, der tut keine Sünde.

1. Johannes 4,17
Denn wie er [Jesus] ist, so sind auch wir in dieser Welt.

Offenbarung 22,11
Wer heilig ist, der sei weiterhin heilig.

Offenbarung 22,14–15
Selig sind, die ihre Kleider waschen, dass sie teilhaben am Baum des Lebens und zu den Toren hineingehen in die Stadt. Draußen sind die Hunde und die Zauberer und die Unzüchtigen und die Mörder und die Götzendiener und alle, die die Lüge lieben und tun.

Schriftstellen für die Notwendigkeit, unsere Schuld zu bekennen und Buße zu tun

Psalm 119,128
Darum halte ich alle deine Befehle für recht; ich hasse alle falschen Wege.

2. Korinther 7,1
Weil wir nun solche Verheißungen haben, meine Lieben, so lasst uns nun alle Befleckung des Fleisches und des Geistes in uns reinigen und die Heiligung vollenden in der Furcht Gottes.

2. Petrus 3,14
Darum, meine Lieben, während ihr darauf wartet, seid bemüht, dass ihr vor ihm unbefleckt und untadelig im Frieden befunden werdet.

1. Johannes 1,9
Wenn wir aber unsere Schuld bekennen, so ist er treu und gerecht, dass er uns die Sünden vergibt und reinigt uns von aller Ungerechtigkeit.

Schriftstellen, die uns sagen, dass Reinheit nicht durch unsere eigene Anstrengung kommt

3. Mose 20,8
Und haltet meine Satzungen und tut sie; ich bin der Herr, der euch heiligt.

2. Samuel 22,33
Gott stärkt mich mit Kraft und weist mir den rechten Weg.

Hesekiel 11,18–20
Dorthin sollen sie kommen und alle seine Götzen und Gräuel daraus wegtun. Und ich will ihnen ein anderes Herz geben und einen neuen Geist in sie geben und will das steinerne Herz wegnehmen aus ihrem Leibe und ihnen ein fleischernes Herz geben.

Sacharja3,9
Ich will die Sünde des Landes wegnehmen an einem einzigen Tag.

1. Thessalonicher 3,13
Damit eure Herzen gestärkt werden und untadelig seien in Heiligkeit vor Gott, unserem Vater, wenn unser Herr Jesus kommt mit allen seinen Heiligen.

1. Thessalonicher 5,23–24
Er aber, der Gott des Friedens, heilige euch durch und durch und bewahre euren Geist samt Seele und Leib unversehrt, untadelig für die Ankunft unseres Herrn Jesus Christus. Treu ist er, der euch ruft; er wird's auch tun.

Hebräer 10,10
Nach diesem Willen sind wir geheiligt ein für alle Mal durch das Opfer des Leibes Jesu Christi.

Folgende Bücher sind im Aufbruch-Verlag erschienen:

Cindy Jacobs	
Frauen – Gottes Auserwählte	330 Seiten, 34,80 DM
Jim Goll	
Pophetische Fürbitte Gottes Verißungen auf Knie erbeten	312 Seiten, 29,80 DM
Margies, Fritsch, Reuss	
Deutsches Geschichtsbuch für Beter	168 Seiten, 22,80 DM
Marc Dupont	
Die Elia-Jahre Einsichten in die 90er	132 Seiten, 14,80 DM
Norvel Hayes	
Und du wirst Visionen haben	103 Seiten, 14,80 DM
Erfolgreich Leben	103 Seiten, 14,80 DM
Dein Weg zur Heilung	101 Seiten, 14,80 DM
Zeit mit Gott	95 Seiten, 14,80 DM
Wolfhard Margies	
Gnade	120 Seiten, 11,80 DM
Befreiung	235 Seiten, 22,80 DM
Lust am Herrn	208 Seiten, 16,80 DM
Glaube der Wunder wirkt	113 Seiten, 13,80 DM
Probleme sind (k)ein Segen	33 Seiten, 6,80 DM
Übertwältigt von der Güte Gottes	48 Seiten, 7,80 DM
Über den Umgang mit einem besiegten Feind	48 Seiten, 7,80 DM
Das Erbe der Erwachsenen	82 Seiten, 9,80 DM
Das Kreuz der Gesegneten	98 Seiten, 9,80 DM
Erkennen, Glauben, Bekennen	463 Seiten, 24,80 DM
Die einzigartige Gemeinschaft mit dem Heiligen Geist	342 Seiten, 24,80 DM
Sein Reich und meine Veränderung	110 Seiten, 14,80 DM
Der Aufstand der Beter	112 Seiten, 14,80 DM

Bestellung und kostenlose Kataloganforderung

Aufbruch-Verlag
der Gemeinde auf dem Weg
Babelsberger Str. 37, 10715 Berlin

Tel/Fax: 030-85 79 19-65, -67

E-Mail: verkauf@aufbruch-verlag.de
http://www.aufbruch-verlag.de